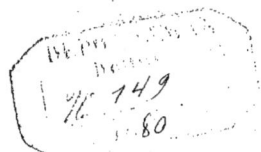

LE

SIPYLOS

ET

SES MONUMENTS

ANCIENNE SMYRNE

(NAVLOCHON)

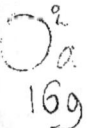

BESANÇON. — TYP. ET LITH. CH. DELAGRANGE.

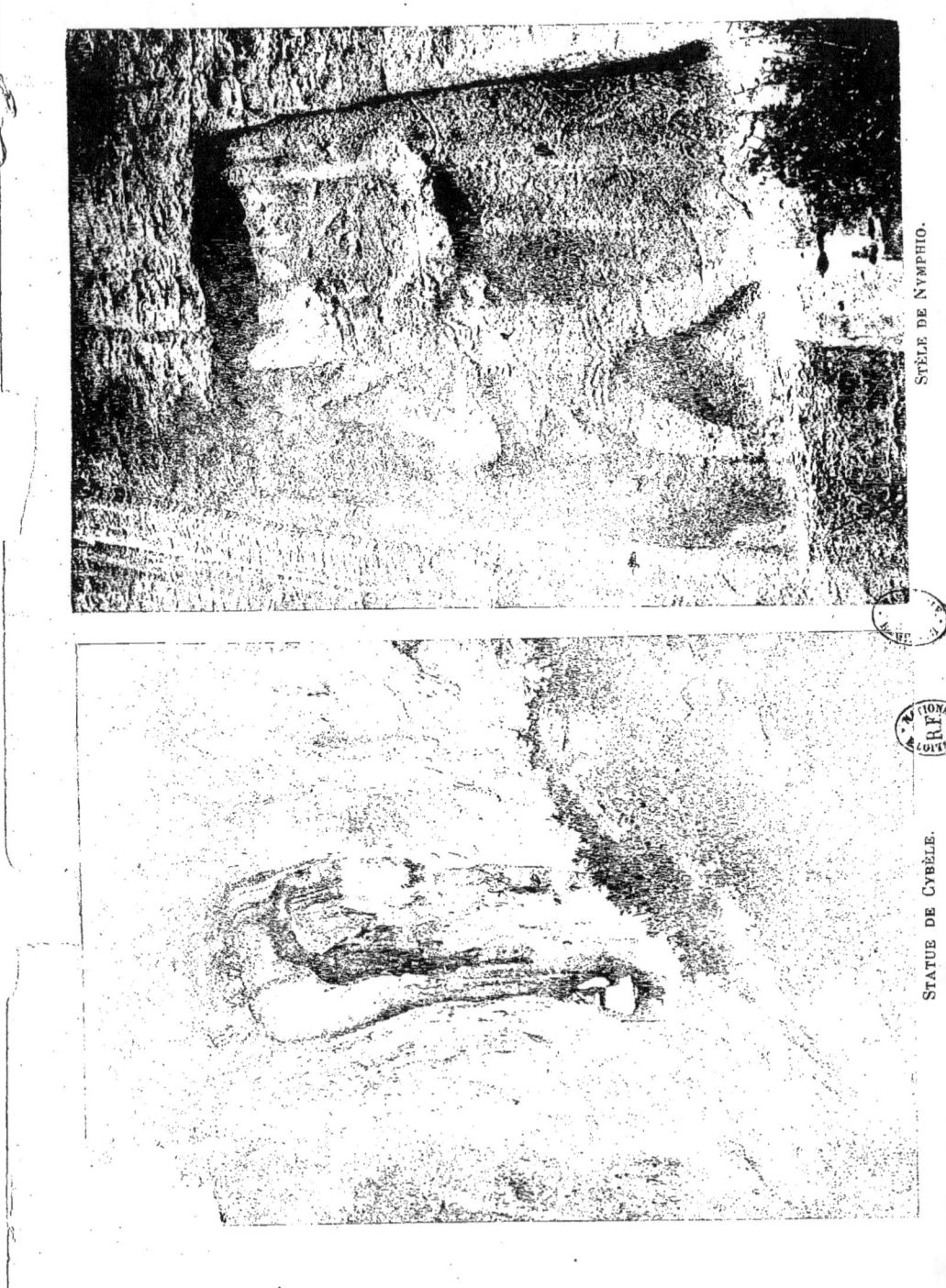

STÈLE DE NYMPHIO.

STATUE DE CYBÈLE.

LE

SIPYLOS

ET

SES MONUMENTS

———×———

ANCIENNE SMYRNE

(NAVLOCHON)

———×———

MONOGRAPHIE HISTORIQUE & TOPOGRAPHIQUE

CONTENANT

UNE CARTE, QUATRE PLANCHES LITHOGRAPHIÉES

ET DEUX PHOTOGRAPHIES,

PAR

G. WEBER

PARIS

DUCHER & CIE, LIBRAIRES-ÉDITEURS,

51, RUE DES ECOLES, 51

SMYRNE, CHEZ L'AUTEUR

———

1880

AVANT-PROPOS.

Les fouilles de Mycènes et de la plaine de Troie, plus encore celles de l'Assyrie et de l'Egypte, ont, à juste titre, attiré l'attention générale sur les temps soi-disant préhistoriques; elles ont jeté un jour nouveau sur un côté du passé humain, éclairé une période que l'histoire ne traite pas d'une manière directe. Si la capitale des Pélopides présente une importance si considérable, il sera peut-être intéressant de remonter au lieu d'origine de cette illustre famille, et tracer autant qu'il est possible un tableau rapide des traces de cette même civilisation sur les flancs du Sipylos.

C'est le but que nous nous sommes proposé dans cet ouvrage : réunir en un faisceau harmonieux tout ce qu'on a écrit sur le Sipylos et ses monuments, y ajouter nos propres découvertes (Hiéron de Cybèle et seconde Acropole), et offrir ainsi au lecteur un ensemble qui le mette à même d'embrasser, d'un seul coup d'œil, ce que l'histoire ou la légende nous rapportent de cette montagne et de ses antiques habitants.

Tout en profitant largement des ouvrages des voyageurs qui nous ont précédé, nos efforts ont tendu d'arriver, par une inspection personnelle et soigneuse des sites, à une conclusion impartiale.

Les planches ont été prises avec beaucoup de soin et visent surtout à l'exactitude.

Les auteurs aux travaux desquels nous avons eu le plus souvent recours, sont : Raoul-Rochette, Prokesch von Osten, Texier, Hamilton, Tchihatcheff, A. Cherbuliez, B. Stark, MM. Kiepert, G. Perrot, E. Curtius, G. Hirschfeld, Maspero, Milonas, C. v. Scherzer, B. Slaars et M. Tsatiroglou. Il sera facile au lecteur attentif de reconnaître le bien de chacun, nous étant fait une loi scrupuleuse de suivre celui d'entre eux, dont nous acceptions les conclusions. Par la force des choses, nous en avons dû écarter quelques-unes et en avancer d'autres, au risque de les voir soumises au même traitement, par des travaux ultérieurs. Car, dans un pareil sujet surtout, en tout ce qu'il fait, l'homme hésite et se trompe ; il n'arrive au vrai que par des erreurs corrigées.

Enfin, il nous est tout particulièrement agréable de constater publiquement les grandes facilités de tout genre qu'offre la Bibliothèque du Gymnase grec de Smyrne, et sans laquelle il serait certes bien difficile, sinon impossible, de se livrer, sur les bords du Mélès, à des travaux tant soit peu sérieux.

G. WEBER.

Smyrne, en Octobre 1880.

Comme suite et complément de ce volume, il en paraîtra un autre, sous le titre: « *Le Pagus et ses Monuments, ou Smyrne depuis Alexandre jusqu'à nos jours.* »

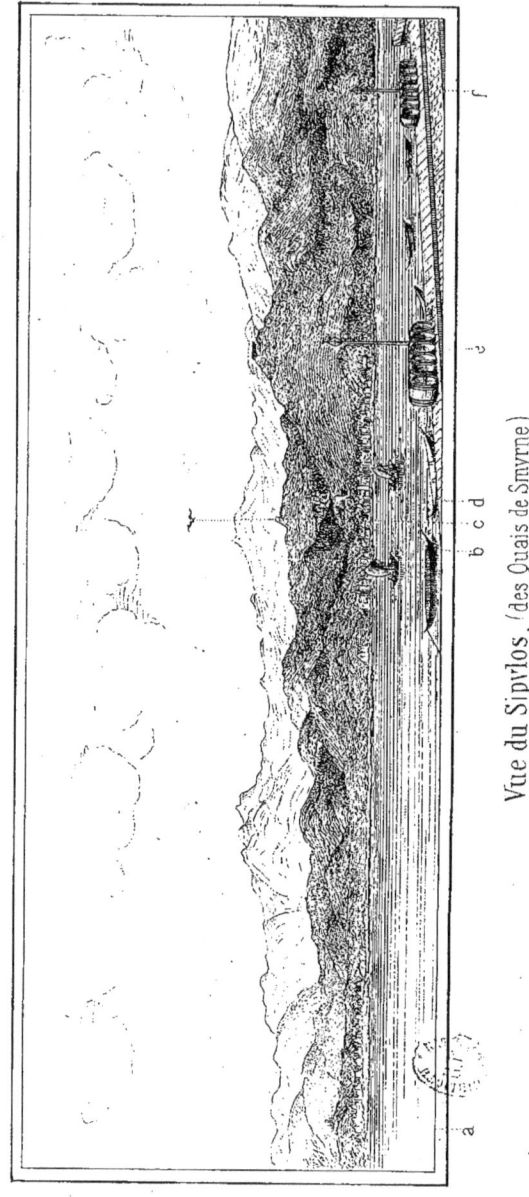

Vue du Sipylos. (des Quais de Smyrne)

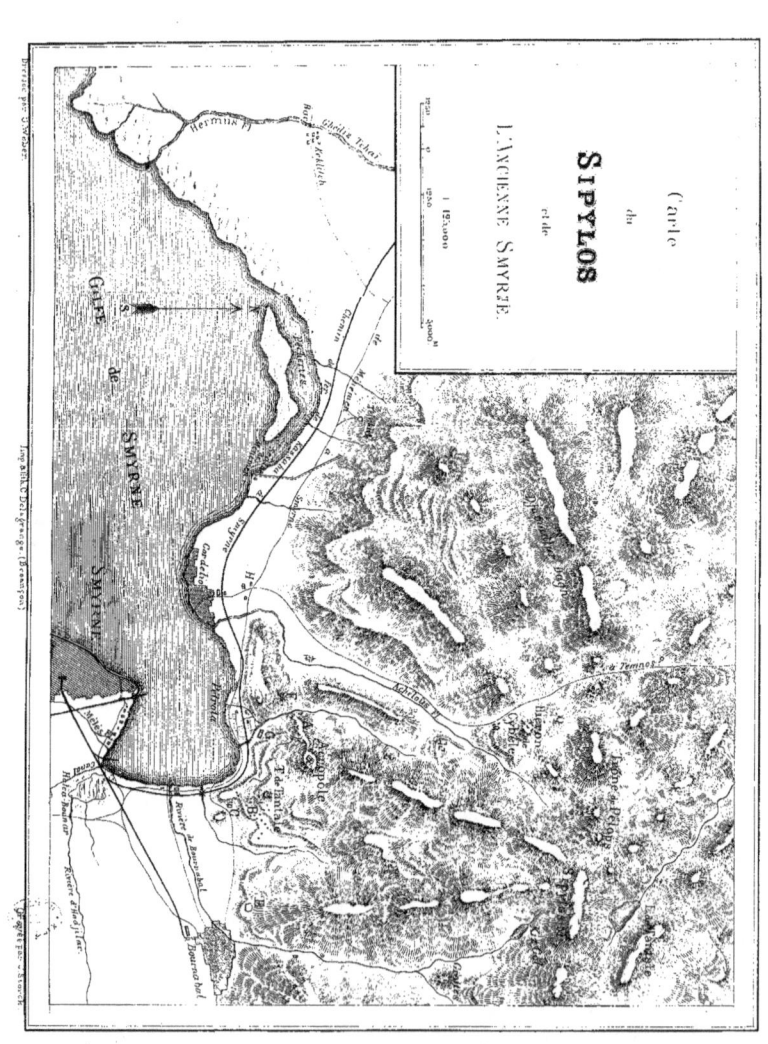

Carte
du
SIPYLOS
et de
L'ANCIENNE SMYRNE.

1 : 125,000

EXPLICATION DES PLANCHES.

I. Carte du Sipylos.

A. — Vedette ou Héroon, pris à tort par M. Texier pour le Trône de Pélops.

B. — Nécropole de Navlochon et de l'ancienne Smyrne.

C. — Ferme de Hadji-Moudjo; à côté, un petit étang, dernier reste de l'antique port de Navlochon; la colline en face, tout isolée, en fermait l'entrée.

E. — Seconde acropole, celle de la Smyrne d'Homère.

F. — Tumulus avec chambre sépulcrale.

G. — Eglise orthodoxe d'*Aghia Triada*.

H. — Station de caravanes.

Toute la partie du golfe qui s'étend entre la Scala de Ménémen et l'embouchure de l'Hermus est aujourd'hui comblée par les alluvions de ce fleuve.

Il importe de bien distinguer les trois rivières de la plaine de Bournabat : celle d'Hadjilar prend sa source au sud de Cavakli-déré et ne se jette pas dans la rivière de Bournabat, comme le suppose M. Hamilton; cette dernière est l'antique Mélès, le Mélès d'Homère. C'est à la rivière, au sud de la colline C, qu'on confond souvent avec la précédente, qu'est due en grande partie la disparition de l'ancien port; elle seule a de l'eau à son embouchure pendant toute l'année.

Au lieu de Djamanlar Dagh, lisez Yamanlar Dagh.

II. Vue du Sipylos (des quais de Smyrne).

a. — Moulin abandonné au-dessus de Cordelio.

b. — Pétrota, Boukyès-Scala.

c. — Hiéron de Cybèle, et au-dessus, le Trône de Pélops.

d. — Vedette ou Héroon.

e. — Acropole.

f. — Tombeau de Tantale.

PREMIÈRE PARTIE.

PREMIÈRE PARTIE.

A. - DESCRIPTION GÉOGRAPHIQUE DU SIPYLOS.

I

Aperçu général.

L'Asie-Mineure affecte la forme d'un vaste plateau massif, borné de tous les côtés et sillonné par de puissantes chaînes de montagnes. Au sud le plateau est borné par le Tauros; vers le nord, les terrasses s'inclinent plus doucement en formant des pays de montagnes onduleux; à l'est, il s'abaisse en gradins superposés jusque dans les plaines de la Mésopotamie. Du côté de l'Archipel sa configuration change d'une manière remarquable. Une ligne tirée de Constantinople jusqu'à la mer de Lycie, indiquerait l'arête où le plateau cesse tout-à-coup, se disloque en quelque sorte et s'ouvre vers l'ouest en de larges et profondes vallées, arrosées par des fleuves travailleurs, dont les alluvions empiètent chaque année sur la mer. Si le *Rhindaque*, l'*Aesèpe*, et le *Granique*, qui versent leurs eaux classiques dans la mer de Marmara, n'arrosent que des vallées étroites, il n'en est plus de même du *Simoïs*, du *Kaïkos*, de l'*Hermos*, du *Kaystre* et du sinueux *Méandre*. Les vallées des quatre derniers fleuves surtout, se transforment en de grandes plaines fertiles, doucement inclinées vers la mer Egée et jouissant d'une admirable température. C'est ici qu'il faut chercher ce tiède et beau climat d'Ionie, aux douces influences duquel se sont autrefois si rapidement développées dans la poésie, la littéra-

1

ture, la philosophie et les beaux-arts, les rares qualités de l'esprit hellénique.

Ces fleuves, qui roulaient l'or en abondance, au moins dans la haute antiquité, sont séparés l'un de l'autre par des lignes de montagnes qui se dressent subitement sur la surface unie de la plaine, comme des îles à la surface de l'Océan; la *Messogide* (Kastaneh-Dagh) entre le Méandre et le Kaystre; le *Tmolos* (Kisilia-Mousa et Boz-Dagh) entre le Kaystre et l'Hermos et le *Kara-Hassan-Dagh* entre l'Hermos et le Kaïkos.

La côte, profondément dentelée, n'offre que des golfes et des péninsules, ces dernières s'avançant comme autant de tentacules qui semblent appeler la navigation et le commerce pour les abriter au fond de leurs ports nombreux.

Pays riche en blés, en vignes, en olives, en figues, comme en marbre et en métaux, ports sûrs et sans nombre, la région occidentale de l'Asie-Mineure réunissait tous les avantages d'un pays de culture et d'un pays de commerce: elle devait devenir le siége de peuples à la fois laboureurs et marins, producteurs et marchands.

Dans l'intérieur se succèdent effectivement les empires plutôt continentaux des Phrygiens, des Troyens et des Lydiens, tandis que sur le littoral se fondent les célèbres colonies grecques, vivant longtemps côte à côte avec les puissances asiatiques, jusqu'au jour où celles-ci, devenues fortes, soumettent les villes helléniques, mais pour disparaître à leur tour sous le souffle vengeur de la réaction dirigée par Alexandre.

On peut se demander comment fut-il possible aux Grecs de s'établir sur la côte et de former toute une série de colonies échelonnées depuis la Troade jusqu'en Lycie, sans rencontrer nulle part de résistance marquée, et surtout sans entrer en conflit avec la puissance lydienne. L'étude d'un dernier détail dans ce littoral, nous en fournira peut-être la clé; car, surtout ici, l'histoire a été déterminée par la configuration naturelle du sol. En effet, les quatre vallées, à l'exception de celle du Méandre, présentent la particularité remarquable d'être comme fermées du côté de la mer. Au-devant de celle du Kaïkos, s'élève la montagne isolée du Kara-Dagh, entre Dikéli et Tschanderli (Atarnée et Pitane). La rivière se détourne brusquement à gauche et se jette dans la mer du côté du sud-ouest. La plaine du Kaystre est séparée de l'Archipel par tout un massif de montagnes: le *Galessus* avec le *Kerkaphos*; à la rigueur, elle communique avec la mer par trois points: 1º, par la vallée qui se dirige vers Smyrne et que suit la voie ferrée; 2º, par la gorge étroite et impraticable du *Tachtali-Sou*, au sud-ouest de Malkadjic, et enfin, 3º, par le défilé de *Kos-Bounar*, au fond duquel se côtoient le Kaystre, l'ancienne route d'Ephèse à Sardes et à Smyrne et le chemin de fer d'Aïdïn. Le Kaystre aussi prend ici une direction sud-ouest jusqu'à la mer, dans laquelle il se jette après avoir formé dans la plaine d'Ephèse de nombreux méandres.

Cependant ce caractère particulier se retrouve plus prononcé encore dans la grande vallée de l'Hermos, c'est-à-dire au centre même de l'empire des Lydiens. Le Tmolos, qui la borne au sud, s'étend jusqu'aux bords du golfe de Smyrne; au nord-est elle est limitée par le *Temnos* (Hodja-Dagh) et au nord-ouest par le Kara-Hassan-Dagh, dont les derniers contreforts abritent le port classique de l'ancienne Phocée. Dans cette extrémité occidentale de la plaine, qui autrement formerait un magnifique débouché dans la vaste rade de Smyrne, est intercalé, comme un coin ou, qu'on me passe l'expression, comme une clé de voûte, le massif imposant du *Sipylos*, rattaché au Tmolos par le chaînon calcaire du fond de la plaine de Bournabat, et violemment séparé du Dumanlu-Dagh, au nord, par l'étroite gorge pittoresque, connue dans le pays sous le nom de *Boğaz* (défilé, détroit), et à travers laquelle l'Hermos s'est frayé un chemin; car la route des caravanes de Smyrne à Magnésie, franchissait le Sipylos à l'est de Bournabat, et il n'a fallu rien moins que les ressources de la science moderne pour ouvrir, à travers ce sauvage défilé, une nouvelle voie à la puissance indomptable de la vapeur.

A présent il sera plus facile de saisir la différence entre les peuples des vastes plaines intérieures et ceux du littoral immédiat. Les premiers, tout occupés de la culture de leur pays d'une fécondité luxuriante, se suffisaient à eux-mêmes et n'éprouvaient aucun besoin de traverser cette mer qu'ils ne voyaient pas et qu'ils ne pouvaient atteindre qu'avec difficulté; tout au plus daignaient-ils trafiquer avec ces hardis marchands, et à ce point de vue leur permirent-ils un établissement permanent sur la côte. Plus tard, quand de part et d'autre on devint plus puissant, les hostilités durent nécessairement éclater.

Le lecteur voudra bien nous pardonner si nous nous sommes étendu sur ces considérations; mais il nous a semblé que pour bien saisir la position géographique, et surtout l'importance historique du Sipylos, il fallait le laisser dans son cadre naturel, ne point l'isoler; passons maintenant à sa description proprement dite.

II

Le Sipylos.

Le *Sipylos* ne forme qu'une courte chaîne de montagnes, s'étendant au nord du golfe de Smyrne, depuis Ménémen à l'ouest, jusqu'à Karaoglanlü à l'est; elle est longue d'environ dix lieues, sur trois à quatre de large. Le massif entier peut se diviser en trois parties; une occidentale, la moins haute (976 m.), le *Yamanlar-Dagh*; une orientale, la plus élevée (1500 m.), le *Manissa-Dagh*; et une intermédiaire, le *Sabandcha-Béli* qui relie les deux premières.

Du point de jonction de cette dernière montagne et du *Yamanlar-Dagh*, se détache un système de collines qui, en suivant une ligne légèrement arrondie, vont rejoindre le Nif-Dagh. Ce chaînon divise la vallée entre le Sipylos et le Tmolos en deux parties inégales; la plus petite est le terrain d'alluvion autour de Bournabat. La partie orientale débouche dans la grande plaine de l'Hermos, elle est arrosée par le *Nif-Tchaï* qui, après avoir contourné le pied oriental du Manissa-Dagh, va se jeter dans l'Hermos.

La forme de ces montagnes est très-variée. Le Manissa-Dagh s'élève haut et puissant du côté du nord; dans sa partie orientale surtout, il se dresse comme une immense muraille de rochers; son aspect, en venant de Sardes, est vraiment imposant; comme une borne colossale, il surgit d'un seul jet de la vaste plaine d'alentour. Au sud, ses flancs sont moins raides et présentent un développement plus considérable.

Le Sabandcha-Béli est un massif fort accidenté, entrecoupé de gorges profondes.

Le Yamanlar-Dagh (le seul que représente la carte), par contre, présente un système de ramifications en éventail très-curieux; en effet, à partir du sommet principal, se développe une série de chaînes secondaires qui vont s'abaissant, d'un côté, vers le golfe de Smyrne, de l'autre, dans la vallée de l'Hermos et à l'ouest dans la vaste plaine d'alluvion moderne de Ménémen.

Les cîmes de ces montagnes affectent aussi des formes bizarres; si la crête du Manissa-Dagh est gracieusement arrondie, le Yamanlar-Dagh, au contraire, est fort accidenté, avec des sommets nombreux et plus ou moins pointus.

Le régime des eaux est naturellement déterminé par la configuration du massif. Ainsi le Manissa-Dagh n'offre aucune trace de cours d'eau; ses parois plus ou moins unies ne présentent nulle part un enfoncement assez considérable pour donner naissance à une rivière. Le Sabandcha-Béli, au contraire, en possède une sur chaque versant; celle du nord se jette dans l'Hermos, et celle du sud forme, avec un affluent du Tmolos, le Nif-Tchaï. Enfin le Yamanlar-Dagh, vu sa conformation, compte le plus grand nombre de ces cours d'eau. Sur le versant sud, le premier est la rivière de Bournabat qui sort du Kiz-Göl (lac de la Fille) et qui est considéré par quelques-uns comme le *Mélès* des anciens. Puis vient le cours d'eau qui contourne la colline des tumulus et la petite éminence isolée, en *C*; il a de l'eau toute l'année. A Pétrota débouche le ruisseau, sec en été, qui baigne le pied de l'Acropole. A Cordélio, enfin, vient sortir une rivière à laquelle j'ai cru devoir donner le nom d'Achéloos pour des raisons exposées plus bas.

Sur tout le pourtour du pied occidental de la montagne, les vallées sont également sillonnées par des torrents toujours à sec en été. Au nord il faut encore mentionner la rivière qui prend sa source dans le Kara-Göl (lac noir), et se jette dans l'Hermos à l'entrée du Bogaz.

Cependant pour compléter la description géographique du Sipylos, il importe de passer en revue sa composition géologique; car, cette montagne n'est-elle pas intimement liée à tous les phénomènes volcaniques qui se rattachent à l'Asie-Mineure.

Le massif entier se divise géologiquement en trois régions bien distinctes. Toute la partie occidentale, à partir de la rivière de Bournabat jusqu'à Ménémen, est volcanique et composée de roches éruptives de trachytes rouges, bleus et noirs; la montagne entière doit sans doute son origine à de très anciens volcans dont les éruptions ont couvert la contrée, à des époques antérieures aux temps historiques, et doivent être rangés dans l'ordre des volcans anciens.

La partie orientale, c'est-à-dire le Manissa-Dagh, appartient en entier aux terrains secondaires crétacés. La jonction entre ces deux formations géologiques, dans le Balandcha-Béli, est formée de calcaire et de schistes de différentes espèces.

« De Magnésie, en allant à Smyrne par l'ancienne route, on traverse la longue et profonde gorge creusée dans le Manissa-Dagh, les parois delaquelle sont composées de micaschistes et de thonschiefer gris, à couches plus ou moins fortement redressées, à tel point que M. Ch. Fellows prenait d'abord un fragment détaché de ce schiste pour un vieux tronc d'arbre. La gorge s'élève progressivement jusqu'au village de Yaka-Keuï, dont l'altitude est de 825 mètres, et qui constitue le point culminant de la route entre Magnésie et Smyrne. C'est de ce village, d'où pour la première fois on jouit du beau panorama de la campagne et du golfe de Smyrne, que commence la pente assez rapide qui forme (de ce côté) le versant méridional du Sipylos [1]. »

La troisième région embrasse les collines derrière Bournabat, ainsi que le chaînon qui se dirige vers le sud, ce sont des terrains lacustres de l'époque tertiaire.

Ainsi sur une surface fort restreinte, l'observateur attentif trouve réunis des spécimens de toutes les formations, depuis les roches éruptives jusqu'aux terrains d'alluvion modernes; en même temps il y voit la confirmation de ce que les traditions historiques rapportent au sujet des bouleversements dont le Sipylos a été le théâtre.

Il ne nous reste plus qu'à faire le tour de la montagne, pour en bien saisir les abords; à cet effet, nous profiterons du chemin de fer qui la contourne aux trois quarts. La ligne, après avoir traversé les beaux jardins des environs immédiats de Smyrne, longe le bord marécageux du dernier enfoncement du golfe pour raser de près le pied de l'Acropole, traverser le delta verdoyant d'Aghia-Triada, franchir l'Achéloos et arriver à la première station, *Cordélio*, avec ses maisons de campagne à l'européenne et ses champs fertiles. Les montagnes à droite s'abaissent lentement, mais restent brunes, souvent noires; à gauche, on suit la mer pour quelque temps, avec ses pêcheries et ses nombreux marais salants. Au loin, ces pyramides blanches et brillantes sont des monceaux de sel. L'industrie des marais salants est certainement ici d'une haute antiquité; n'y avait-il pas ici

---

(1) TCHIHATCHEF, Asie-Mineure, vol. I, page 546.

une ville de *Leucœ*, dont le nom s'est conservé jusqu'aujourd'hui dans celui du village de *Lefké*. Avant d'arriver à la station de Tchikli, on franchit un aqueduc ruiné qui fournissait d'eau potable les maisons de l'ancienne *Scala* de Ménémen, par laquelle passait tout le trafic entre cette ville et Smyrne; le chemin de fer l'a fait abandonner.

Voici enfin le vaste delta de l'Hermos (*a*), le Ghédiz-Tchaï d'aujourd'hui, tout couvert de buffles et de chèvres sauvages et rappelant bien la Camargue, cet autre delta du Rhône, où les Phocéens, ces voisins de l'Hermos, sont allés fonder une seconde patrie. En hiver, il est presque entièrement sous l'eau. De rares cavaliers traversent cette plaine, des files de chameaux se dirigent paresseusement vers les montagnes où passe la route de Pergame. Quelle différence avec les temps où les Pélasges industrieux de l'antique *Larisse* protégeaient le pays contre les inondations par des digues, dirigeaient et réglaient les eaux du fleuve; où l'immortel chantre de Smyrne passait quelque temps à Néontichos (Bourg-neuf), chez le corroyeur Tychios et que l'on montrait encore longtemps après le peuplier noir sous lequel il était assis pour réciter ses vers!

La voie ferrée décrit un immense arc autour du pied occidental du Sipylos pour s'engager dans la gorge de l'Hermos au-delà de Ménémen. Cette ville, à tort, prise pour *Temnos*, paraît être d'origine byzantine (*a*); c'est la place la plus importante de la plaine, où se concentrent tous les produits avant d'être dirigés sur Smyrne. Le Bogaz, d'abord large, devient de plus en plus étroit; bientôt le fleuve occupe seul le fond de la vallée; la ligne se fraye alors un chemin à une certaine hauteur, à travers des rochers qu'il fallut faire sauter, des tranchées qu'il fallut ouvrir. Des deux côtés les flancs des montagnes sont couverts de forêts d'essences très variées, mais où domine le chêne vélani (quercus ægylops) qui produit la vallonée, ou vélanède. A Ghiaour-Keuï (village des infidèles) une plaine superbe s'ouvre à nos yeux; bien cultivée et d'une fécondité

très-grande, elle forme un contraste frappant avec les flancs de
plus en plus raides du Sipylos qui se trouve à présent au sud.
Bientôt nous distinguons le clocher ou campanile d'*Oros-Keuï*,
élevé tout récemment, et qui, comme un index colossal, semble
nous inviter à visiter son église de Sainte-Anastasie. Ce lieu de
pèlerinage attire chaque année, lors de la fête patronale, vingt
à trente mille âmes. Nous voici à Magnésie; vue du chemin de
fer, cette ville offre un des plus beaux panoramas de l'Asie-
Mineure; étendue au pied du Sipylos, elle paraît comme noyée
dans une mer de verdure; les nombreux minarets, les coupoles
étincelantes des mosquées, et d'autres bâtiments publics tels
que bains et khans, en annoncent toute la grandeur. Sur un
mamelon peu élevé, on distingue l'ancienne forteresse qui,
aujourd'hui, tombe en ruines; le Sipylos entier, qui s'élève
verticalement au-dessus de la ville, forme un fond de tableau
d'une rare beauté. De ce point jusqu'à Karaoglanlü, la montagne
garde toujours ce caractère spécial d'une borne gigantesque surgissant du milieu de la plaine. A deux lieues de Magnésie on
passe devant la fameuse statue de Cybèle. Plus loin la
montagne paraît fendue jusque dans ses entrailles: des parois
verticales, des rochers éboulés, des fissures profondes, témoi-
gnent de la violence des agents souterrains qui ont agité de tout
temps cette contrée. Avant d'arriver à Kassaba, quittons la
voie ferrée pour contourner le pied oriental de la montagne,
en passant par le beau et riche village de Karaoglanlu, et entrer
dans la belle vallée de *Nymphi*, arrosée, comme nous l'avons
vu plus haut, par le Nif-Tchaï, et fameuse par ses cerises. La
pente adoucie du massif est ici beaucoup plus hospitalière; une
série de villages turcs se groupent au sud de la montagne,
disséminés dans les replis des contreforts inférieurs. La plaine
tout entière est cultivée par les mains intelligentes des Grecs
qui occupent, outre Nymphi, un dernier village au fond N.-O.
de la vallée, *Ouloudjac*.

Nous voici arrivés au chaînon calcaire qui relie le Sipylos

2

au Tmolos; nous franchissons le col, long d'une lieue et à l'endroit appelé *Bell-Café*; nous jouissons tout-à-coup du magnifique spectacle de la plaine et du golfe de Smyrne A droite se
dresse toujours le Sipylos; à gauche s'élèvent les dernières ramifications du Tmolos, le Nif-Dagh et le Tachtali-Dagh; le premier plan du tableau est formé par la plaine de Bournabat,
toute parsemée de villages, *Hadjilar, Kavakli-déré, Narli-keuï,
Bounarbachi, Ichikler, Koukloudja*; au centre du tableau c'est
le Pagus couronné de ses antiques tours, la ville elle-même,
puis la mer bleue, les *Deux-Frères*, le Château-de-mer, (Sand-
jac-Kaleh-si), enfin comme fond du tableau, le massif du *Mimas*,
aujourd'hui Kara-Bournou.

Tel est le Sipylos, dominant à la fois les plaines inférieures
et le beau golfe de Smyrne, antique siége d'un empire à la fois
continental et maritime.

B. - TOPOGRAPHIE DU SIPYLOS.

Dans ce chapitre nous donnerons la description complète de tous les monuments antiques connus jusqu'aujourd'hui dans cette intéressante montagne, nous ajouterons, s'il y a lieu, à ceux qui ont déjà été décrits, les détails qui peuvent avoir échappé à nos prédécesseurs; d'autres monuments enfin seront ici, pour la première fois, l'objet d'une étude.

I

Ancienne Smyrne.

Sur le versant sud du Sipylos, dans la partie qui domine l'angle N.-E. du golfe, s'élèvent d'antiques ruines qui, de tout temps ont attiré l'attention des voyageurs.

A peu près en face du Pagus, de l'Acropole de la Smyrne moderne, s'élance une pointe aiguë, à plus de 300 mètres de hauteur (380 m.), séparée au nord-est par un petit col, d'un autre sommet moins prononcé. Dans la direction principale, c'est-à-dire sud-ouest, la pente est raide, en arête tranchante; elle se relève ensuite pour former trois petits monticules, et continue enfin, au-delà du ravin du ruisseau de Pétrota, la direction primitive pour former une dernière colline. Rattachée au nord-est au massif principal, cette montagne est limitée au nord-ouest par une vallée profonde qui la sépare de la ramification suivante. C'est vers le sud-est qu'elle a le développement le plus large; longeant d'abord à l'ouest la petite rivière, puis le bord de la mer, elle se termine au sud par un promontoire fort avancé dans la plaine. En face de ce cap, près de la ferme de Hadji-Moudjo, s'élève une petite colline en forme d'île. Enfin le massif entier s'incline d'abord doucement, puis en pente plus rapide jusqu'à la plaine de Bournabat.

C'est à l'échelle de Boukyess (Pétrota) qu'on aborde le plus aisément pour visiter le terrain. Depuis Smyrne, la petite plaine triangulaire, toute couverte de vignes, frappe les regards. Une fois débarqué, on traverse la voie ferrée de Smyrne à Kassaba; bientôt on atteint le lit du torrent qui, se divisant en plusieurs bras, longe dans son cours principal, le pied des hauteurs, à l'est, jusqu'à la mer. Presque sec en été, il est cependant rempli de myrtes et de lauriers-roses d'une grande fraîcheur; mais ces bords déchirés et les grosses pierres de son lit laissent aisément deviner l'impétuosité de ses eaux à la saison des pluies.

Après avoir remonté la rivière pendant dix minutes, on quitte la vallée principale qui se dirige vers le nord-ouest, et l'on suit à droite un vallon latéral où la roche vive, un trachyte rouge et blanc paraît souvent à fleur de terre. Enfin grimpant le long d'un coteau rapide, où se montre ça et là les traces d'un sentier taillé dans le roc, on atteint le col qui sépare les trois petits monticules inférieurs.

a. - **La Vedette** (*Felswarte*). — Les deux mamelons à gauche ne présentent aucun intérêt particulier; celui de l'est est un rocher de trachyte rouge, surgissant verticalement de la terre, sur une longueur de 15 mètres, et d'une largeur moindre; trois de ses côtés sont à pic, le quatrième seul, celui du nord, est accessible. A ce point, un chemin creux serpente entre le massif principal et une élévation voisine. Une fente naturelle partage le rocher, nivelé à son sommet par la main des hommes, en deux parties inégales. Sept degrés, creusés dans le roc et cachés en partie par des buissons, conduisent au sommet de celle de l'ouest. On atteint de même la plus grande plateforme, grâce à sept marches très longues, également taillées dans le roc. On se trouve alors devant une excavation en

forme de tombeau (long. 2, 08, larg. 0, 90 et prof. à peu près
1 m.), entourée de lignes régulières et de petits trous carrés.
Du côté sud, une brèche, diminuée probablement par un ébou-
lement partiel, a le fond nivelé et l'un des côtés orné de deux
marches ou siéges.

Devant ce monument remarquable, c'est-à-dire au nord,
s'étend une surface aplanie, limitée à l'ouest par une série de
rochers pointus. A cette barrière naturelle se rattache à angle
droit une ligne de pierres à fleur de terre, qui, parallèle au
rocher principal pendant 15 m., semble se raccorder à lui vers
son extrémité orientale; on distingue encore quelques blocs
dans le sol. D'autres pierres indiquent un mur transversal,
dirigé du premier vers la fente du rocher. Dans cette plus
petite moitié, à l'ouest, toute couverte de buissons, se trouve
un enfoncement de terrain qui ferait supposer un puits ou
réservoir (b).

Du sommet de ce monument la vue domine toute la vallée,
et s'étend du Pagus jusqu'aux Deux-Frères. Vu de l'autre rive,
ce point n'a rien de particulier; mais une fois qu'il a fixé l'attention, il apparaît comme partie intégrante du pic principal,
dont le flanc rapide semble s'y appuyer comme sur un fort
avancé.

Quel était le but de cette construction? Qu'y avait-il sur
la plateforme? L'excavation du centre était-elle un tombeau et
faut-il donner à la place une signification sacrée? Tout autant
de questions qui échappent jusqu'à maintenant à une solution
satisfaisante (1).

b. - L'Acropole. — Un petit col conduit à la pente de la
hauteur principale; le chemin le plus court, sinon le plus facile,
longe la crête même. Aucune trace de sentier n'est visible au

---

(1) E. CURTIUS, Beiträge zur Geschichte und Topographie Kleinasiens,
p. 76, pl. IV et pl. VI. 4.

milieu des pierres éboulées; fréquemment le rocher, un trachyte blanc et rouge, aux fentes régulières et si souvent trom-
peuses, paraît à nu. Une mince couche de terre nourrit une
herbe maigre et rare. La dernière partie de la montée est surtout raide et difficile; c'est la pointe culminante qu'on atteint
en ligne droite au bout de trente minutes. Le plateau, à peine
long de 40 mètres et d'une largeur moindre, est couvert en
grande partie d'une couche de terre que les murs ne dépassent
que de peu. C'est là l'Acropole de l'antique Sipylus ou Tantalis,
d'après Texier, de l'ancienne Smyrne d'après Hamilton,
Kieper, E. Curtius et G. Hirschfeld.

Au sud (voir la planche I, Acropole), le rocher est à pic;
à l'ouest l'accès du plateau a été rendu difficile par des travaux
qui fournissaient en même temps les matériaux nécessaires.

D'après le même système, on a creusé dans le roc, du côté
du nord où vient aboutir un terrain plat, un fossé long et large,
J, qui est à présent presque entièrement rempli de rochers
éboulés. Son côté extérieur était fortifié par un mur; à l'intérieur, le rocher, taillé en talus rapide, est couronné des beaux
restes d'un mur antique (Pl. I. mur sept., etc.), d'autant plus
remarquable qu'on y voit représentés les trois genres de
constructions; appareil irrégulier en B; appareil à lignes horizontales en O; et appareil régulier en C. Ce mur suit toutes les
sinuosités du rocher, disposition exigée par la configuration
même de la montagne.

Les abords de l'Acropole sont couverts de pierres éboulées; cependant on distingue le tracé de toute l'enceinte. Au
sud, le mur a complétement disparu; mais comme il était fondé
sur le rocher, à pic de ce côté, on reconnaît, vers le milieu, la
trace de la base taillée dans le roc, et vers A, encore quelques
pierres en place. A l'ouest, de D en C, les fragments de mur,
de l'appareil le plus régulier, dépassent le sol d'une ou de deux
couches. Le mur du nord présente des détails tellement caractéristiques que nous l'avons reproduit par le dessin. C'est sur-

tout ici que l'on voit que les appareils les plus divers, cyclopéens, pélasgiques et réguliers, peuvent parfaitement être contemporains et que les architectes du temps étaient souvent déterminés dans le choix de ces styles par la cassure de la pierre employée, ou par d'autres circonstances analogues.

A l'est, les murs sont le plus étendus, d'appareil polygonal et s'élevant encore à une hauteur d'un mètre; le terrain étant ici en contre-bas, ce mur, qui est double, AB, a sans doute servi de mur de soutènement. Cependant l'intérêt principal se concentre sur la porte A, et la tour semi-circulaire B.

Cette porte, la seule visible dans ces ruines, est large de 1 m. 55; les faces latérales sont inclinées vers le centre; deux puissantes architraves ou linteaux, placés l'un derrière l'autre la recouvrent; le premier a 2 mètres de long sur 0, 74 de haut; le second, de même longueur, est haut de 0, 90. Le dessin que nous donnons sur la planche I, est une copie exacte de cet intéressant monument. On remarquera la tendance de la ligne horizontale qui se fait valoir aux approches de cette porte, et le nombre inégal des couches sur chaque côté. Elle conduisait dans un couloir oblique au fond duquel étant sans doute un escalier pour monter sur l'esplanade; mais des pierres éboulées empêchent de voir cet endroit. Ce couloir était couvert par un plafond de pierre. A droite, il y a un enfoncement où M. Texier croit apercevoir le puits de quelque oracle.

Le coin nord-est de l'enceinte, très exposé et d'une assez grande hauteur, a été renforcé d'un mur demi-circulaire, en talus, conservé encore dans sa partie inférieure (voir Pl. I, mur sept., etc.). C'est avec raison qu'on a cité ce mur comme une trace de l'origine des tours[1]; elle prouverait aussi que ce ne sont pas les portes seules qu'on fut d'abord amené à fortifier de cette manière; les angles saillants étant les points faibles de toute fortification, il a fallu pourvoir à leur insuffisance.

---

[1] Revue archéologique, avril 1879, p. 228.

De l'angle sud-est, *A*, se détache une muraille cyclopéenne semblable à celles de Tirynthe; une arête de rochers travaillés la prolonge encore pendant 30 mètres, et forme ainsi la paroi méridionale d'une enceinte qui précédait l'Acropole proprement dite. Au point *F*, une petite tour carrée protégeait une porte d'entrée dans cette première enceinte; peut-être y pénétrait-on aussi par le point *B*. Cette avant-cour paraît avoir été partagée en deux parties par un mur; l'appareil est toujours polygonal, mais les matériaux sont plus petits que dans l'Acropole proprement dite.

A la façade nord de l'acropole, vers l'angle *C*, on distingue clairement, taillées dans le roc vif, des marches qui descendent dans le fossé *J*; il est donc permis d'admettre ici une porte; le mur est ruiné à cet endroit.

Du côté de l'ouest j'ai pu relever le plan d'une série de murs qui, jusqu'à présent, avaient échappé à tous les voyageurs. Ces murs prouvent quels soins on prenait pour rendre la place aussi forte que possible. C'est d'abord un mur *G* parallèle à *DC* qui venait rejoindre le coin *C*, de manière à former deux portes dont l'une conduisait dans l'enceinte *G*, et l'autre dans le fossé *J*. Depuis *H*, on peut poursuivre sur une longueur de plus de 100 mètres, une voie antique soutenue à l'ouest par un mur de terrassement et défendue en *I* par une tour carrée. Ceci prouve que les habitants des vallées intérieures étaient aussi en rapport avec ce fort.

La marque ronde, au coin nord-est de l'Acropole indique une citerne qui était indispensable, et que ne pouvaient jamais remplacer les citernes extérieures, comme l'était peut-être le fossé du nord.

Les soubassements en *E*, au centre de l'Acropole, sont formés de blocs bien équarris; ils forment un carré de 6 à 8 mètres de long; le mur oriental paraît être prolongé jusqu'au mur *CP*. Il est difficile d'identifier ce monument; en tout cas ce ne peut être le Hiéron de Cybèle (voir la note *b*).

Aussi loin qu'on peut le reconnaître, les murs suivent exactement le pourtour du petit plateau, s'adaptant en même temps aux formes particulières de chaque rocher, particularité que présentent la plupart des acropoles antiques, élevées sur le sommet des montagnes. La vue, de cette citadelle, s'étend librement au loin dans toutes les directions et offre un panorama d'une grande magnificence. A notre gauche s'élève le Sipylos au revers duquel nous chercherons Magnésie; à notre droite, là où les dernières montagnes de trachyte se perdent dans la plaine, où les cônes de sel brillent au soleil, est le delta de l'Hermos, le plus grand fleuve de toute cette région; plus loin, au pied des collines qui se dressent gracieusement à l'entrée du golfe, s'élève Phocée, la métropole de Marseille. A l'ouest, le puissant massif du Mimas, avec les îles qui le précèdent, forme de ce côté le fond du tableau. Au sud s'ouvre la vaste rade de Vourla, assez grande pour contenir toutes les flottes du monde; elle abrite aussi les ruines de Clazomènes, transformées récemment en lazaret. Les Deux-Frères assistent impassibles à tous ces changements qui se passent à leur pied: Léléges et Pélasges, Grecs et Romains, Byzantins et Turcs, tous ont laissé des traces sur les bords de ce golfe remarquable.

Au-dessus de Smyrne même, s'élève le Pagus aux flancs arides, déchirés soit par des carrières, soit par des éboulements [1] et couronné de son château moitié grec, moitié byzantin; des deux côtés descendaient les anciens murs helléniques de la ville de Lysimaque. Derrière le Pagus, droit vers le sud, pénètre la profonde vallée de Ste-Anne, avec ses aqueducs si pittoresques et son ancienne route d'Ephèse. Vers l'est les montagnes s'élèvent de plus en plus; c'est le Tachtali, le Nif-Dagh (un Olympe chez les anciens), puis le chaînon qui

_____

(1) On vient de planter des vignes sur une grande partie de la montagne; son aspect devra nécessairement changer.

relie le Tmolos au Sipylos, limitant la belle et fertile plaine de
Bournabat. Au-delà, c'est Nymphi avec ses statues soi-disant
de Sésostris, et la route qui conduisait à Sardes, la capitale de
la Lydie.

Ajoutez à tout celà, la mer, tantôt enlaçant toutes ces
montagnes de son bras caressant, tantôt les fuyant; les jardins
verdoyants des environs de Smyrne, la ville elle-même s'étendant tout autour du Pagus, s'élevant en amphithéâtre sur ses
flancs, et se mirant, coquette et blanche, dans les eaux lumi-
neuses, avec son noir bandeau de cyprès au front, camp de la
mort qui fait éternellement le siége de la vie; les quais superbes
dont la ville vient d'être dotée, l'activité commerciale attestée
par les nombreux navires à l'ancre; la beauté toujours nouvelle
de ces lignes de montagnes et l'éclat incomparable des jeux de
lumière, et vous aurez une idée de la magnificence de ce spectacle.

Tout au pied de la montagne, les maisons blanches, les
jardins et les vignes de Pétrota, plus loin celles de Cordélio, se
réflètent paisiblement dans l'eau transparente; au large, la mer
rayée de longues stries horizontales, semble réfléchir l'azur du
ciel.

Jamais l'œil ne se fatigue de contempler ce beau panorama
dont on jouit du sommet de l'Acropole; les collines groupées
les unes au-dessus des autres suivant une magnifique ordon-
nance, s'étagent en amphithéâtre, et leurs lignes de faîte se détachent sur le ciel avec une netteté parfaite, comme si on les
eût dessinées pour le plaisir des yeux avec le crayon le plus dé-
licat. Ce ciel, cette mer, cet échafaudage de montagnes, tout
cet ensemble noyé dans la lumière du ciel de l'Ionie, produit
à certaines heures du jour, comme un véritable éblouissement.

La vie la plus active règne sur la côte méridionale du golfe,
dans les eaux de la ville moderne; les mâts des grands navires,
les cheminées des usines indiquent de loin le mouvement des
affaires commerciales et l'agitation naissante de la vie industri-

elle. Au nord, au contraire, tout est calme et silencieux, et la nature semble plongée dans un sommeil voisin de la mort. Seuls les terrains d'alluvion de Pétrota et de Cordélio, avec leurs oasis de verdure, donnent un peu de fraîcheur et comme un parfum de poésie antique à ce rivage brûlé par le soleil.

c. - Tombeau de Tantale. — Dans la direction du sud-est, le regard se fixe sur un mamelon se détachant légèrement de la pente générale de la montagne. La descente, d'abord rapide et difficile, à cause des rochers éboulés, conduit bientôt sur un plateau presque horizontal, également couvert de grosses pierres. Partout le rocher se montre à nu à travers la mince couche de terre; sa cassure régulière fait aussi croire ici à l'existence de murs ou d'ouvrages artificiels.

Le mamelon en question, éloigné de 40 à 45 minutes de l'Acropole, porte le monument qu'on a l'habitude de désigner sous le nom de *Tombeau de Tantale.* Sur une base circulaire (33^m, 60 diam.) s'élevait un cône de pierres terminé par un phallus; le soubassement, haut de 1^m, 60 à peu près et formé de petites pierres polygonales jointes avec un grand soin, sans ciment, était couronné autrefois par un listel. Texier détruisit le cône et trouva, pas tout-à-fait au milieu, une chambre rectangulaire, longue de 3^m, 55, sur 2^m, 17 de large et profonde de 2^m, 75.

Les couches de pierres en encorbellement, sur les deux longs côtés seulement, produisent une voûte en ogive, qui est terminée par des dalles horizontales. Cette voûte, à assises horizontales, est un des spécimens les plus antiques de ce genre d'architecture. Les murs en retour sont verticaux et ne sont pas reliés avec ceux des grands côtés (voir la planche I, tombeau de Tantale). Ils présentent cet appareil tant aimé plus tard des Grecs, d'une assise forte (0^m, 55) alternant régulièrement avec une autre plus faible, (0^m, 20). Les murs des grands côtés sont formés de couches plus ou moins uniformes, plus fortes

dans le bas (0^m, 28) que dans le haut (0^m, 20); détail caractéristique, le mur de droite a dix assises, tandisque celui de
gauche n'en a que neuf. On voit la même particularité à la porte
de l'Acropole: les deux assises à droite correspondent à trois à
gauche.

La chambre sépulcrale elle-même est au centre d'un ouvrage en pierres sèches, de 7 m. de diamètre, autour duquel
s'étend un mur concentrique, relié au premier par huit murs,
et au parement intérieur du soubassement par seize, rayonnant
du centre à la circonférence[1]. Elle est orientée, non nord et
sud, mais nord-est et sud-ouest, par 60°. Les autres tombeaux
n'ont aucune direction fixe, si ce n'est celle des lignes hypso-
métriques de la montagne.

Il est impossible, dit M. Texier, d'imaginer une construction
mieux entendue pour résister à l'action des siècles. Sa hauteur
totale était de 27^m, 60. Tous les murs sont noyés dans un remplissage en petites pierres toutes à peu près de la même di-
mension et parfaitement réunies, quoiqu'elles n'aient aucun ciment. Ce monument sépulcral est certainement un des plus
considérables de ceux de l'Asie-Mineure, non par sa grandeur,
mais par les détails de son architecture.

Ce tombeau diffère des autres, en ce qu'il n'a pas de couloir
pour entrer dans la chambre; elle était parfaitement close.
M. Texier a trouvé le dehors du cône en grande partie conservé;
il a été obligé de le démolir, ainsi que la majeure partie du
soubassement pour bien saisir ce système ingénieux de
construction. L'intérieur était déjà dépouillé de son contenu,
tant il est rare de trouver un tumulus qui ait échappé à la ra-
pacité des siècles. Quelque temps après, on y prépara un déjeuner pour l'infortuné Maximilien, alors archiduc d'Autriche.
Aujourd'hui, grâce aux bergers, le tombeau est à moitié rempli
de pierres, toutefois la paroi du fond est visible dans son entier,

(1) TEXIER, Asie-Mineure, pl. 13.

telle qu'elle est représentée sur la planche I. Les vides *a*, *b*, marquent des arrachements faits sans doute dans le but de vérifier les abords de la chambre; ils ne laissent voir que le remplissage ordinaire du tumulus. Enfin il nous reste à noter que la voûte commence, non à la troisième couche, comme le veut Texier, mais bien à la base même de la chambre, ce qui, du reste, semble aussi plus rationnel; il suffit de rappeler le *Trésor d'Atrée*, à Mycènes.

Avec ce tombeau commence un vaste champ de morts; mais il s'en distingue par sa grandeur et sa position dominante. La distance à laquelle il se trouve des autres tumulus, fort rapprochés les uns des autres, indique clairement qu'on a voulu lui donner une place tout-à-fait spéciale.

d. - **La Nécropole**. — La nécropole proprement dite, contenant environ quarante-cinq tumulus, s'étend sur les pentes rocailleuses qui descendent dans la plaine de Bournabat (voir la carte du Sipylos, B).

Sur un soubassement circulaire, sans ciment, et fondé presque toujours sur le rocher, s'élevait le cône de pierres, surmonté d'un phallus. Souvent deux tumulus sont placés l'un près de l'autre; à l'est, plusieurs reliés par un mur; l'un d'eux renferme deux tombeaux. Il en est de même à Pergame, où le soi-disant tombeau de Pergamus et d'Andromaque est aussi à double sommet; il y a trois chambres dans le tumulus d'Augé, et autant dans l'un de ceux de la nécropole du lac Gygée.

L'emplacement paraît avoir été ébranlé par un tremblement de terre. Le cône est toujours écroulé, le soubassement a souvent beaucoup souffert; quelquefois il n'est resté qu'un monceau de terre circulaire. Il est évident que la main des hommes est pour une grande part dans ces ravages du temps.

A côté, le plus souvent complétement enterrés, reposent les *phallus* de trachyte rouge. Leur partie inférieure est à quatre faces comme une base, et destinée à entrer dans la

pointe du cône; leur grandeur varie de 0^m, 46 à 1^m, 40. La
planche II offre quatre formes différentes qu'on donnait à ces
phallus. La figure 1 paraît être la forme la plus complète. La
tête sphérique rappelle le phallus du tombeau d'Alyatte. La
figure 3 est la pomme de pin traditionnelle. Les figures 4 et 2
sont cylindriques, 4, avec un léger renflement, tous ont un cou
plus ou moins bien travaillé, à l'exception du numéro 2, auquel
cette partie manque.

On voit qu'il existait une grande variété dans ce couronne-
ment des tumulus. Cependant je n'en ai trouvé aucun de la
forme spéciale indiquée par Texier (Asie-Mineure, vol. II,
pl. 131, 5).

L'appareil des soubassements est très-varié, car, si la plupart sont construits avec des polygones réguliers, il y en a aussi
qui sont cyclopéens, et d'autres qui présentent des assises
tout-à-fait régulières [1].

Quelques-uns ont une entrée sur le côté, formée de blocs
équarris, (2^m, 46 sur 1^m, 40). La structure intérieure consiste
en murs qui se croisent autour du tombeau et qui doivent lui
garantir une grande solidité. Dans les tumulus pourvus d'une
entrée, le tombeau a la forme d'une chambre; au reste, elle se
trouve toujours au-dessous du niveau de la terre et est, ou
formée de pierres taillées, ou creusée dans le roc. Dans ce
dernier cas, une entaille suit le pourtour supérieur du rocher
pour recevoir les dalles. La fosse est généralement longue de
2 mètres, et souvent se contourne un peu dans le sens de la
longueur.

On trouve sur les pentes du cap avancé des tombeaux sous
terre; à côté de l'un d'eux, le rocher est entaillé à angle droit
et présente sur la plus petite face deux niches peu profondes,
destinées, peut-être, à recevoir des vases. Dans un de ces tombeaux se trouvaient, outre les ossements et des fragments de

---

(1) Texier, pl. 131, 3, 4. — E. Curtius, Beiträge, etc., p. 83, n. 15.

terre cuite, quelques médailles de bronze d'Erythrées, relativement modernes (Hercule debout. R/ l'impératrice Salonina Ερυθρέων). Il est possible qu'on a utilisé un tumulus complétement détruit, car le tombeau était couvert de dalles très-grossières et renfermait un crochet de bronze, un petit vase de terre rayé, et aussi une petite monnaie de bronze de Clazomène, avec le sanglier ailé.

Tout à côté on a ouvert un autre tombeau en terre cuite; c'est une auge longue de 1ᵐ, 80, sur 0, 52 de large et haute de 0, 32. Les parois latérales sont fortes de 0ᵐ, 025; au bord supérieur, elles sont aplaties comme les rails de chemin de fer, et sont alors larges de 0, 11; c'est là-dessus que reposaient les dalles. La base du tumulus, en appareil cyclopéen, n'avait que 5 mètres de diamètre. On sait que les cercueils en terre cuite étaient d'un usage général dans l'antiquité; les Grecs les appelaient κιβωτός, et les Romains *arca*.

Texier, dans son grand ouvrage, a des restes de murs très-étendus depuis l'Acropole jusqu'au tombeau de Tantale. Le cap avancé porte aussi, chez lui, des traces pareilles. MM. Hamilton et Hirschfeld y voient des murs, pour la plûpart, d'origine moderne, ayant servi, soit aux bergers pour le parcage de leurs troupeaux, soit de soutiens à la terre végétale.

Ici, comme dans mainte autre circonstance, la vérité évitera les extrêmes. Si d'un côté, il ne peut assurément être question de murs d'enceinte d'une ville, ni de *palais pélopide*, que de l'autre, il y a réellement quantité de ces enceintes faites par les bergers, il n'en reste pas moins certain qu'on y trouve des traces de murs d'un caractère tout particulier. Ne dépassant plus la surface que d'une assise ou deux, ces murs s'étendent à de grandes distances; l'appareil est toujours irrégulier, mais les pierres sont jointes avec soin, ce qui n'est jamais le cas avec les autres murs qu'un œil exercé distingue aisément des premiers.

La première ligne se dirige tout le long de la vallée, au-dessus du point *G*, au tiers de la hauteur de la montagne; sur une longueur de plusieurs centaines de mètres. Une autre ligne descend du tombeau de Tantale vers la mer; enfin au milieu de la nécropole, il est possible de distinguer des chemins soutenus souvent à l'extérieur par de petits murs. La colline allongée, en forme de barque renversée, à l'ouest de l'Acropole, porte des traces de murs tout-à-fait identiques à ceux que nous venons de voir. Au point *F* se trouvent même plusieurs tombeaux semblables à ceux de la nécropole.

Tous ces restes nous autorisent à y voir la main des anciens habitants du pays, mais ils ne nous permettent pas d'y reconnaître une ville, telle au moins que nous nous la représentons ordinairement.

M. G. Hirschfeld a donc bien raison de dire : « Nous avons vainement cherché les traces d'une ville qu'on est en droit de supposer entre l'Acropole et les tombeaux; l'anneau qui relierait les ruines de la citadelle à la nécropole manque complétement ». De là, la difficulté de trouver la solution juste et acceptable de ces ruines, qui se dressent devant nous comme une énigme. Texier leur donne le nom de Sipylus, la ville mythologique; il reconnaît dans le tombeau principal, selon Pausanias (II, 22, 3 V) celui de Tantale, et dans une flaque d'eau voisine, dont le diamètre d'après lui, est de 100 mètres, le lac Saloë. Hamilton qui a visité ces lieux la même année (1835) et à la même époque, lui donne 30 pieds de diamètre. M. Hirschfeld, en septembre 1871, y constate une sécheresse complète. Le fait est que cette flaque d'eau est régulièrement sèche en été, et a des dimensions tout-à-fait insignifiantes.

Cependant les auteurs anciens nous parlent de l'antique Sipyle comme détruite par un jugement des dieux: la montagne se fend, des rivières s'échappent de ses flancs et la ville entière est engloutie dans le lac Saloë [1]. La plus complète

---

[1] Pausanias, VII, 24. 13. — Aristide, I, 372.

destruction a donc lieu; en outre on se figurait cette ville légendaire sur le sommet de la montagne, car elle est la demeure des dieux. Tout cela ne convient pas à nos ruines; l'étude des monuments au pied de la montagne, justifiera amplement l'hypothèse que c'est là l'antique ville des Léléges que les colons grecs chassèrent de leur foyer pour fonder l'ancienne Smyrne.

En face du promontoire qui s'avance dans la plaine, surgit une petite colline allongée, tout entourée de marécages; au point C (voir la carte du Sipylos) dans le vallon, se trouve même un étang; l'examen des lieux prouve jusqu'à la dernière évidence que c'était autrefois une île placée au-devant d'un port qui s'étendait plus dans l'intérieur, et qui a été comblé par les atterrissements de la rivière qui en double aujourd'hui le cap méridional. La colline entière était entourée d'un mur antique dont on voit encore de nombreuses traces et servant de support à un chemin. Le sol de la colline est tout couvert de débris en terre cuite; il a aussi fourni, à ce qu'on dit, une riche moisson de médailles grecques et romaines. Cependant le monument le plus intéressant à cet endroit, celui qui nous permettra d'apporter l'évidence dans une question fort controversée, c'est l'existence jusqu'ici ignorée d'une seconde acropole.

e. - La seconde Acropole (E). — A vingt minutes à l'ouest de Bournabat, sur le flanc du dernier contrefort d'une des chaînes secondaires du Sipylos et ne dominant la plaine que de quelques dizaines de mètres, on voit les restes d'une enceinte fortifiée (voir carte du Sipylos et pl. I, sec. Acropole), qui, jusqu'à présent n'a pas encore été décrite. Les murs, épais de 1m, 90, affectent la ligne droite; le tout forme un polygone de cinq côtés, abstraction faite des recoins vers le sud-est. Le caractère le plus remarquable de ce monument sont les tours rondes qui en protégent la partie faible, c'est-à-dire les angles. Au nord, où il était le plus facile d'attaquer la fortification, puisque le terrain la

4

domine, cette tour C est double, et défendait probablement une porte. Sur tout le pourtour, les murs antiques ne s'élèvent qu'à la hauteur de 3 à 4 assises; elles sont formées de pierres irrégulières, de dimensions moyennes, et paraissent fortement cimentées avec de la terre. Il est facile de voir la différence entre le mur antique à la base et celui qui le surmonte pour former un parcage (*mandra*); les bergers se sont servis des pierres éboulées pour refaire, sur une épaisseur moindre, une clôture à parquer leurs troupeaux. Je suppose que c'est cette circonstance qui a fait négliger jusqu'ici cette ruine intéressante.

On remarquera que les proportions sont ici bien plus fortes qu'à l'Acropole; les deux côtés est et ouest ont chacun plus de 60 m.; au nord, la longueur totale dépasse 90 m. Les tours suppléaient au peu d'épaisseur des murs; en A, B, D et F elles ont 3^m, 60 de rayon; en G, 3 m.; en C, la saillie totale des deux tours est de 8 mètres.

Il est impossible de reconnaître l'emplacement des portes; seuls deux pans de mur, en G et en C, se détachent de l'enceinte, mais sans fournir une indication précise. L'intérieur n'offre aucune trace de ruine; la moitié septentrionale du terrain est subdivisée en cinq compartiments par de mauvais murs; l'autre moitié est vide.

Tel est ce monument que nous avons appelé seconde acropole, en vertu de l'hypothèse que les colons grecs, après avoir chassé les Léléges de la ville supérieure, se sont établis plus près de la mer et de la plaine, et que, tout en conservant l'Acropole au sommet de la montagne, ils ont voulu en élever une seconde, plus à leur portée et d'un accès plus facile. Au reste nous reviendrons sur ce monument dans la partie historique.

II

Hiéron de Cybèle.

Le monument auquel nous avons donné ce nom est d'une importance telle pour toute la topographie du Sipylos, qu'il demande la description la plus détaillée, d'un côté, pour justifier notre propre assertion, et de l'autre, pour mettre le lecteur à même de juger en toute connaissance de cause (voir la carte du Sipylos).

Nous avons dit plus haut que le Yamanlar-Dagh affectait un système de ramification en éventail, que l'Acropole était placée sur l'extrémité d'un de ces chaînons secondaires; or, le chaînon suivant porte précisément, près de son origine le Hiéron en question. Moins haut que la ligne de montagnes précédente, il forme de plus une série de collines aux sommets pointus et bien détachés les uns des autres. La plus élevée est couronnée d'un rocher à parois verticales et aplati au sommet; il est aisé à reconnaître sur tout le parcours des quais de Smyrne; atteignant la moitié de la hauteur totale de la montagne, il se détache parfaitement bien sur le fond noir du massif principal (voir la vue du Sipylos, *c*).

Ce sommet (Pl. III.) allongé dans la direction du sud-ouest au nord-est, a une longueur totale de 70 m. sur 20 de large; il se divise en trois parties distinctes. Sur le tiers septentrional s'élève un rocher massif, *N*, aux parois unies et presque verticales; sa hauteur est de 4 m.. Le second tiers est nu; au centre, on distingue une dépression circulaire, *r*, qui ferait supposer un puits.

La partie la plus remarquable est le rocher puissant, *M*, qui en couronne le tiers méridional; il a au sommet une longueur totale de 22 mètres sur 13 de largeur; sa hauteur est un peu plus forte que celle de l'autre. Si l'on suppose cette surface divisée en quatre parties égales par des diamètres perpendiculaires, on saisira facilement la disposition d'une large entaille ou plutôt chambre à ciel ouvert, qui entre dans le quart nord-est, sur une longueur de 8 m., et une largeur de 4 m. Le fond est au niveau de la partie moyenne. Or, dans ce fond, a été creusé une espèce de caveau revêtu de beaux murs parallèles et raccordés au nord par un demi-cercle parfait (Pl. III, fig. 3). Au fond de la chambre, un gros bloc éboulé et d'autres obstacles empêchent d'en déterminer exactement la forme; le sol du caveau est aussi recouvert de terre et de pierres.

Les murs, dans la partie visible, ont un mètre de hauteur; la largeur du caveau est de 2m, 20 sa longueur d'à peu près 5 mètres. L'appareil est d'une régularité frappante, on dirait que c'est fait d'hier. La pierre n'est pas le trachyte foncé du Tombeau de Tantale, mais une espèce plus rouge et plus tendre. Les assises (Pl. III, fig. 1) ont 0m, 365 de hauteur; la longueur des pierres varie de 0,395 à 0,720. Tout autour du bord du caveau, à un mètre de distance, règne un mur polygonal qui fermait l'entrée vers le nord, fig. 3. c b, et protégeait le côté oriental où le rocher est peu élevé (H).

A droite de l'entrée de ce sanctuaire, le rocher présente des anfractuosités qui permettent de l'escalader sans trop de peine. Au sommet, on distingue clairement quelques marches peu hautes, mais longues d'un mètre, taillées dans le roc Le plateau est parfaitement uni, sans d'autre trace de travail humain qu'un enfoncement dans la partie centrale, comme si l'on avait voulu y ménager un réservoir pour les eaux de pluie.

La vue, de ce point, est magnifique; non-seulement on domine les différentes vallées qui débouchent en éventail vers Pétrota et Cordélio, mais les regards embrassent tout le golfe, depuis Smyrne jusqu'à Vourla, depuis l'Olympe jusqu'au Mimas.

Ce qui ajoute une grande importance à ce monument, ce sont les travaux d'art qui l'entourent et qui prouvent en quelle haute estime on le tenait. En effet ces deux rochers s'élèvent au milieu d'un *téménos* d'une étendue fort considérable, si nous la comparons à celle de l'Acropole.

Vers l'est, où la pente est assez douce, le mur d'enceinte s'étend parallèle aux deux rochers, à une distance de 30 mètres; il dépasse encore le sol de 0^m,30 à 1 m. L'appareil est varié comme sur l'Acropole; tantôt cyclopéen (Pl. III, Hiéron, en *D*) tantôt pélasgique (en *E*), il présente aussi des spécimens de l'appareil le plus régulier (en *C*; la fig. 2 représente ce fragment). A l'angle sud-est, on distingue des traces de tours, *t*, et d'angles rentrants et saillants, *p*, faits avec beaucoup de soins; au reste, les pierres taillées ont roulé jusqu'au bas de la rampe. Au sud, le mur d'enceinte se relie à angle droit avec l'extrémité *A* du rocher *M*; plus loin les flancs de la montagne étant très-raides, le mur devenait inutile.

Le mur du nord suit les ondulations du terrain comme sur l'Acropole; l'appareil y est très-régulier, en trachyte noir, (fig. 2). Au point, *q*, un rocher peu élevé a été travaillé de manière à présenter une entrée, large de 1^m,50, dans l'enceinte du sanctuaire; on y distingue comme des marches peu profondes, et plus loin le rocher est aplani sur une longueur de plusieurs mètres.

A partir de ce point se détache un sommet secondaire en forme de promontoire, dans une direction parallèle au premier, mais moins haut et sans rocher. Les pentes, des deux côtés très-rapides, sont presqu'à pic; le mur d'enceinte suit quelque temps la crête de ce rocher; au point *F*, il franchit tout-à-coup le vallon et devient ainsi mur de soutènement pour la terrasse supérieure et, tout en agrandissant le terrain autour du monument central, il ferme la ligne d'enceinte, en *G*.

Cette dernière muraille, *F G*, est parfaitement conservée dans toute sa longueur (27 m.); elle est forte de 1^m,90 et haute encore de 2^m,70. L'appareil est polygonal, sans ciment et travaillé avec beaucoup de soins (Pl. III, fig. 5, représente la coupe verticale de ce mur, ainsi que celle du rocher *M*).

A présent que le lecteur a pris connaissance du monument, examinons quelle pouvait être sa destination. Un point important à noter, c'est que l'épaisseur du mur d'enceinte dépasse rarement 1ᵐ, 20; il est donc difficile d'y voir un mur de fortification.

Pour un simple tombeau, cette enceinte même est beaucoup trop vaste, et indique clairement qu'elle était destinée à recevoir des foules plus ou moins nombreuses, pour y célébrer les rites sacrés de l'antique Déesse-Mère.

Résumons-nous, ces ruines, au caractère essentiellement antique, ont une destination toute sacrée: un rocher naturel, transformé en autel gigantesque et abritant un sanctuaire; un mur d'enceinte facilement reconnaissable, et montrant encore clairement tous les indices d'une époque reculée; sa position, au sommet d'une montagne, dans le cœur du Sipylos, ce siége de l'antique culte de la Mère des dieux, tout se réunit pour militer en faveur de la dénomination de Hiéron.

Au reste, ces conclusions sont, cela va sans dire, basées sur les textes anciens; en effet, voici ce que Pausanias dit au sujet des souvenirs des Pélopides dans le Péloponèse, souvenirs qu'il ne pouvait admettre, puisqu'il en connaissait dans le Sipylos, patrie de Tantale et de Pélops, qui lui paraissaient plus authentiques. « Il y a dans notre pays plusieurs preuves du séjour de Tantale et de Pélops, qui se sont conservées jusqu'aujourd'hui; le *port de Tantale*, qui a reçu le nom de ce roi, et son *tombeau* qui est remarquable; le *trône de Pélops*, dans le Sipylos, sur le sommet de la montagne, au-dessus du Hiéron de la mère Plastène [1] ».

Le lecteur qui nous aura suivi jusqu'ici, trouvera que la description de Pausanias est singulièrement conforme à la topographie des lieux. Le port de Tantale était celui de l'antique Smyrne ou Navlochon, à l'est de la colline *C*; la fondation de

---

[1] Pausanias, liv. V, 13.

cette ville n'a-t-elle pas été attribuée à Tantale (Etienne de Byzance, voir Σμύρνα). Le tombeau a été suffisamment identifié pour être celui que la tradition, du temps de Pausanias, assignait au roi mythologique. Reste le trône de Pélops, ἐν κορυφῇ τοῦ ὄρους, qui ne peut être autre que l'un des deux sommets au nord du Hiéron; ils le dominent tous les deux (b).

Si le périégète a cité tous ces monuments l'un après l'autre, n'a-t-on pas le droit de conclure qu'ils se trouvaient rapprochés ou, au moins, le long d'une voie quelconque de communication. Pausanias continue en effet, en disant: « En passant le fleuve Hermus, on voit à Temnos une statue d'Aphrodite en bois de myrte [1] ». Or il existe encore aujourd'hui un chemin qui passe par dessus la montagne à cet endroit même (voir la carte du Sipylos), et dont les habitants du Bogaz se servaient autrefois, lors des inondations de l'Hermus et avant la construction du chemin de fer, pour se diriger sur Smyrne par Cordélio. Il est donc permis d'admettre qu'une route antique franchissait l'un des cols du Yamanlar, laissant à droite tous les monuments cités plus haut et aboutissant à Temnos que, décidément, il faut chercher, non pas à Ménémen, mais sur la rive droite de l'Hermus (a).

C'est donc bien ici le cas de dire: « Il serait difficile de réunir en un même lieu tant d'éléments divers: un port, un tombeau, un hiéron, le sommet d'une montagne ou trône de Pélops, éléments qui concordent trop bien avec les textes grecs pour que ces lieux ne soient pas les mêmes qui ont été décrits par les anciens ».

Pausanias les a vus; ce n'est pas par ouï-dire qu'il en parle, et il est impossible de trouver plus d'accord entre la description et la réalité.

---

[1] PAUSANIAS, liv. V, 13.

III

Lacs du Sipylos.

Strabon, Pline et Pausanias nous parlent à différentes reprises de lacs et d'étangs dans le Sipylos, le plus souvent en
relation avec l'antique ville de *Tantalis*. L'un dit que des marais se sont changés en lacs (Strabon, I, 58); l'autre, que Tantalis, la capitale de la Méonie, était située là où est maintenant
l'étang *Saloë* (Pline, V, 29); le troisième enfin, non-seulement
parle de ce dernier lac dans lequel fut engloutie l'ancienne capitale du pays (Pausanias, VII, 24), mais il cite aussi un « *Lac
de Tantale* », fameux par ses cygnes d'une blancheur remarquable (Pausanias, VIII, 17, 3).

On peut donc admettre au moins deux lacs, celui de
Tantale et l'étang Saloë; les textes de Pausanias sont trop clairs
et trop distincts pour nous permettre de les confondre; la réelle
difficulté commence quand il s'agit de les identifier. Jusqu'à
présent on connaît deux bassins d'eau dans le Sipylos, le Kiz-
Göl et le Kara-Göl, situés, l'un sur le versant méridional,
l'autre sur le versant septentrional de la montagne, juste au
nord de Bournabat.

MM. Texier et Hamilton sont les seuls qui les aient décrits;
comme le premier le fait surtout au point de vue géologique et
le second à celui de la botanique, le lecteur nous saura gré si
nous laissons souvent la parole à ces deux savants. Un fait sin-
gulier, qui frappe d'abord dans les deux relations, c'est que,
tout en cherchant un seul et même lac, c'est-à-dire celui de
Tantale, Texier décrit le Kiz-Göl et Hamilton le Kara-Göl, et,
selon toutes les apparences, sans qu'aucun des deux n'ait soup-
çonné l'existence d'un second lac. A part cette remarque les
deux récits se complètent parfaitement.

Au nord de Bournabat, s'ouvre une vallée assez large, tra-
versée par une rivière, sèche en été, mais qui, dans la saison

des pluies, charrie un volume d'eau fort considérable, ce qui
suffit sans doute à justifier la présence des blocs arrondis de
trachyte violet dont sont parsemés, de ce côté, les abords du
village. A une lieue de là, en suivant la vallée, on voit les
blocs devenir plus rares et former un corps de roche ; les
trachytes se présentent alors en masses verticales, formant des
bancs de trois à quatre pieds d'épaisseur. Toute la rive droite
du torrent est de la même roche ; mais sur la rive gauche, on
cesse de l'apercevoir. Le calcaire gris compacte, veiné de
blanc, forme une montagne isolée au milieu des roches volcaniques ; c'est dans ce calcaire qu'on trouve les excavations
qu'on appelle les *Grottes d'Homère*.

A la jonction des deux roches, le calcaire est terreux,
fendillé et comme décomposé par le feu. En continuant à
monter, on retrouve le terrain volcanique, des laves de fusion
noires et boursouflées, puis une argile sableuse, blanche et
jaune, en couches régulières. Ici la montagne forme une espèce
de cirque ; les sommets sont dentelés et forment des falaises
de trachyte terreux, de peu de hauteur. C'est là que se trouve
le lac que les habitants du pays appellent Kiz-Göl (lac de la
Fille). Il a la forme du Léman ; c'est-à-dire celle d'un croissant
rentré au sud ; il est peu profond. La longueur n'est que de
500 m. et sa largeur d'à peine de 200 (les dimensions données
par M. Texier sont trop fortes). Il y a plus; l'inspection des
lieux prouve jusqu'à la dernière évidence que nous n'avons
affaire qu'à un réservoir artificiel d'une époque relativement
récente, à un de ces « bends » comme il y en a tant autour de
Constantinople, destinés à fournir de l'eau aux aqueducs.

En effet, vers sa pointe sud, le lac est fermé par une digue
murée, d'une dizaine de mètres de hauteur ; un chenal, ménagé
à la partie supérieure laisse échapper le surplus de l'eau, qui
s'écoule en un ruisseau abondant formant cascade ; c'est l'origine de la rivière de Bournabat. En même temps, ce ruisseau,
arrivé au pied de la montagne, près des grottes d'Homère, est

soigneusement recueilli (en été) et conduit à Bournabat dans un aqueduc couvert, jusqu'au grand réservoir qui fournit d'eau la petite ville.

Toutes ces données nous défendent absolument de rapprocher ce lac de ceux mentionnés par les textes anciens. Passons à présent à la relation d'Hamilton.

« En remontant la profonde vallée de Bournabat, arrosée par un torrent limpide, nous atteignîmes bientôt un district montagneux, parsemé de chênes-pourpres, d'épines et de magnifiques platanes dans les vallons. Nous passâmes devant de nombreux campements de Yourouks, au milieu des collines. A six milles de Bournabat, le chemin traverse une forêt de vieux pins qui croissent le long des flancs rocheux de la gorge et qui, çà et là, nous offrent des échappées de vue sur le vallon vert à nos pieds. Plus haut, le pays devient sauvage, jusqu'à ce qu'atteignant la crête de la montagne et descendant vers le nord, nous trouvâmes le sol couvert d'une végétation luxuriante ; outre les pins, c'étaient d'autres essences à feuilles, parmi lesquelles brillait le noyer d'Espagne. Le lac lui-même est d'une grande profondeur [1], et l'on dit qu'il est plein de poissons ; il est entouré de montagnes bien boisées, du milieu desquelles des pinacles de roche calcaire s'élèvent à une hau-

---

(1) Comme preuve de cette profondeur, citons le fait suivant : Il y a quelques années, un certain nombre d'excursionnistes de Smyrne, tous à cheval, choisirent ce lac comme but de leur pérégrination. Après avoir fait dûment honneur à un excellent déjeuner sur ses rives, l'on se préparait à repartir. M. X..., qui formait l'arrière-garde, s'avise encore de faire boire son cheval ; à cet effet il le dirige vers le bord du lac, et veut l'y faire entrer de quelques pas. Mais celui-ci, sentant le pied lui manquer, s'élance d'un bond et disparaît avec son cavalier dans le gouffre profond. Grande fut la consternation ! on accourt ! un intrépide plongeur se prépare pour porter secours, lorsque le cheval apparaît d'un côté et son cavalier de l'autre, nageant tous les deux vers le bord le plus voisin, et ne paraissant pas le moins du monde incommodés, à moins qu'on n'ait quelque objection à faire aux habits trempés. Mais, comme ce fut là le seul inconvénient, c'était bien le cas de dire : « Tout est bien qui finit bien. »

teur considérable.

Ce lac est long de 400 mètres et large de 200 ; il présente bien les caractères d'un lac de montagnes ; au reste ses eaux ont un écoulement tout naturel. Il est vrai qu'à une dizaine de mètres du lac, on avait élevé autrefois un mauvais mur à travers la gorge par laquelle s'échappe le ruisseau, mais ce mur, dans son état de destruction actuel, prouve qu'il n'avait jamais d'influence sur l'existence même du Kara-Göl.

C'est ce lac que nous avons appelé, avec Hamilton, Kiepert, Tchihatchef ; « *Lac de Tantale* », non que les raisons avancées soient bien concluantes (voir la partie historique), mais bien à défaut de mieux.

Il va sans dire que les deux lacs peuvent être visités du même coup.

Le lac ou étang historique, nommé *Saloé*, reste donc encore à trouver ; il est naturellement lié à l'emplacement même de l'antique Sipylus ; c'est pour cette raison que les uns le placent au pied du monument de Cybèle près de Magnésie, les autres, surtout M. Texier, donnent ce nom à la flaque d'eau, sèche en été, près du Tombeau de Tantale. Aucune de ces hypothèses ne paraît répondre aux données des anciens au sujet de ce lac, et son identification reste toujours une question ouverte.

Il nous reste encore à dire deux mots des « *Grottes d'Homère* ». Ce sont quatre excavations taillées, sur une ligne horizontale, dans le flanc ouest de la montagne calcaire, isolée, que nous avons vue plus haut. Elles ont 1^m, 60 de hauteur, sur 4 à 5 m. de profondeur, et n'ont rien de remarquable. Sur le sommet de la colline, il y a un tombeau taillé dans le roc vif, comme celui de la *Vedette*. L'ensemble de ces monuments et leur position proéminente au fond d'une large vallée, d'où le regard s'étend vers le sud jusqu'au mont *Gallessus*, leur donnent une importance que ne possède aucun des emplacements qu'on assigne encore aux grottes d'Homère. Chandler s'étonne qu'on lui indique comme « *Grotte d'Homère* » un canal taillé dans le tuf calcaire, pour servir de passage à un aqueduc, à l'endroit appelé aujourd'hui le « *Grand Paradis* ».

Quant à la grotte qu'on dit avoir existé aux « *Bains de Diane* » à Halca-Bounar, Hadji-Khalfa la décrit avec beaucoup de détails (1), dans son « *Miroir du monde* » ; c'est fort heureux, car dans la réalité, il n'en reste pas la moindre trace.

Toutes ces traditions reposent, comme on sait, sur ce passage de Pausanias (VII, 5) : « Les Smyrnéens ont dans leur pays le fleuve Mélès dont les eaux sont excellentes ; il y a une grotte sur les sources, dans laquelle Homère, dit-on, a composé ses poèmes. »

IV

Statue de Cybèle (Niobé).

Il semble que l'empire mythologique de Tantale dût laisser des empreintes de tous genres sur le mont Sipylos ; après les forteresses, les tombeaux, les lieux de culte, voici un monument de l'art primitif de ces anciens peuples, monument qui est d'autant plus remarquable qu'il diffère essentiellement des autres travaux d'art de l'Asie-Mineure, tels que les sculptures de Nymphi, de Ghiaour-Kalé, de Boghaz-Keuï ou d'Euyuk. En effet, il n'est plus question ici d'un simple bas-relief à méplat, taillé dans la façade aplanie d'un rocher, mais bien d'une statue presque libre, découpée dans le roc même.

Le plus grand nombre des antiquaires sont d'accord pour

---

(1) Il sort d'une voûte beaucoup d'eau qui forme un petit lac, lequel a son issue dans la mer, et avant que de s'y rendre, elle fait tourner quelques moulins. On pourrait entrer dans la grotte d'où sort cette source ; il y a au fond comme une espèce de porte fermée, dans laquelle les gens du pays disent qu'il y a des trésors qui sont gardés par des talismans ; mais ceux qui ont voulu y entrer sont morts par un vent chaud et empoisonné qui en sort. (VIVIEN DE SAINT-MARTIN, Asie-Mineure, t. II, p. 733.)

y voir la statue de *Cybèle* mentionnée par Pausanias (III, 22), et qui passe pour être l'ouvrage de Brotée, fils de Tantale. « Les Magnésiens qui sont au nord du mont Sipylos, ont chez eux, sur la roche *Codine*, une statue de la Mère des dieux qui est la plus ancienne de toutes. » (*B*)

Cette statue est située à deux lieues à l'est de Magnésie. Au pied de la montagne, un étang dont les eaux sont retenues par un mur antique, sert de réservoir à quelques moulins. La montée est assez difficile, sur des fragments de rochers éboulés; après une demi-heure d'efforts et de peines, on se trouve en face d'une grande paroi (hauteur 15^m, 25) de rocher, aplanie avec soin et portant dans son centre la figure colossale d'une femme assise.

Remarquez d'abord (v. la photographie) le grand cadre de près de 10 m. de hauteur, entourant la niche proprement dite, profonde et arrondie au sommet. Le centre de cette niche est occupé par une base carrée sur laquelle s'élève un fauteuil avec un dossier qui forme, de chaque côté, une saillie symétrique et arrondie. Sur ce fauteuil est assise la statue primitive, les pieds, selon toute apparence, appuyés sur un tabouret, le corps penché en avant, les tronçons des bras dirigés vers les seins faciles à distinguer, et la tête bien saillante [1]; celle-ci forme corps avec le rocher et ne présente plus qu'une masse ronde et informe, sur laquelle les eaux du rocher supérieur ont laissé des traces fort caractéristiques.

Tout autour du monument, sur les rochers, l'œil découvre des traces de la main de l'homme; ce sont des niches servant de tombeaux, des grottes agrandies, des rochers taillés en autels; autant d'indices qui démontrent l'existence d'un grand centre d'habitation, au bord de la plaine, et dont le monument lui-même était l'expression du culte de la grande Déesse-mère, trônant sur la montagne.

---

[1] Elle n'est pas penchée.

Pour une juste appréciation de cette statue, il est inutile d'ajouter que le spectateur doit faire abstraction de ce que l'on convient d'appeler généralement « statuaire antique ». D'après Pausanias lui-même, il ne s'agit pas ici d'un monument de l'époque grecque, mais bien de la « *plus ancienne statue* ».

C'est ce manque d'esprit d'observation qui a fait dire à quelques personnes que c'était un simple accident du rocher, un « *lusus naturœ* » ; les traces du travail humain sont trop évidentes, non-seulement pour quiconque a vu le moment, mais aussi pour le lecteur qui a la photographie sous les yeux. En effet, l'ensemble du monument, malgré sa rudesse et son art primitif, ne laisse pas de produire une impression imposante ; les grandes dimensions, l'idée de travailler en quelque sorte le roc à jour, cette position de la statue de face, pleine de vie et de force, tout cela lui donne un caractère spécial et fort grandiose. Comparé au monument de Nymphi, on saisit facilement l'énorme différence qui les sépare. Là, en effet, la statue en méplat, est de profil, sans modelé, au centre d'une aire creusée peu profondément dans le roc ; elle appartient à cet art local de l'Asie-Mineure, rameau secondaire de l'art assyrien.

La femme assise du Tash-Souret, au contraire, est un produit de l'art primitif des peuples phrygiens, tel qu'ils aimaient à représenter la Mère des dieux, dans toute sa puissance, et avec un sentiment si profond de la nature.

Au point de vue de l'art, ne serait-il pas permis de considérer la statue de Magnésie comme un progrès considérable sur les bas-reliefs de Nymphi, de Boghaz-Keuï, etc ; en tout cas, Pausanias, qui connaît bien le pays, emploie, en parlant de ce monument, le nom de statue, ἄγαλμα.

Il nous reste encore à discuter les noms qu'on lui donne. Les uns, comme plus haut, y voient la statue de Cybèle, de la Mère des dieux ; d'autres pensent que c'est la Niobé dont parlent Homère et aussi Pausanias ; une troisième opinion, également-

ment défendue, voudrait identifier Niobé à Cybèle, et rapprocher ces deux noms indifféremment de notre statue.

Avant tout, citons les auteurs qui font mention de ces
deux monuments.

I. Homère, dans l'Iliade, (XXIV. 615) dit :

« A présent, quelque part au milieu de rochers et de montagnes
« sauvages, dans le Sipylos, à l'endroit où l'on dit que sont les
« lits des déesses nymphes, qui s'agitèrent violemment aux en-
« virons de l'Achéloos, là, quoiqu'elle soit devenue rocher, elle
« (Niobé) adoucit par le temps, les douleurs qui viennent des
« dieux. »

II. Ovide (métamorph. VI, 310) chante cette même
Niobé dans les vers suivants :

Flet tamen, et validi circumdata turbine venti
In patriam rapta est. Ibi fixa cacumine montis
Liquitur, et lacrymas etiamnum marmora manant.

III. Pausanias enfin (I. 21) en fait la description telle qu'il
l'a vue.

«..... ταύτην τὴν Νιόβην καὶ αὐτὸς εἶδον ἀνελθὼν ἐς τὸν Σίπυλον
« τὸ ὄρος · ἡ δὲ πλησίον μὲν πέτρα καὶ κρημνός ἐστιν, οὐδὲν
« παρόντι σχῆμα παρεχόμενος γυναικὸς, οὔτε ἄλλως, οὔτε
« πενθούσης · εἰ δὲ γε πορρωτέρω γένοιο, δεδακρυμένην δόξεις
« ὁρᾶν καὶ κατηφῆ γυναῖκα. »

« J'ai vu moi-même cette Niobé dans le mont Sipylos ; de près c'est
« un rocher escarpé, ne présentant aucune forme de femme,
« ni en deuil, ni autrement ; mais à une certaine distance, on
« peut reconnaître une femme en pleurs et plongée dans la
« tristesse. »

IV. Le même Pausanias (III.22) parle dans les termes suivants
de la statue de Cybèle, termes bien différents des précédents:

« Les Magnésiens qui sont au nord du mont Sipylos, ont chez eux,
« sur la roche Codine, une statue de la Mère des dieux , qui est
« la plus ancienne de toutes. »

« μητρός θεῶν ἀρχαιότατον ἁπάντων ἄγαλμα. »

Les trois premiers passages se rapportent évidemment au
même monument ; c'est la Niobé changée en rocher et pleu-
rant le malheur de ses enfants. Homère et Ovide ne donnent

d'autres détails sinon qu'elle était au cœur de la montagne, près des sources d'eau où habitent les Nymphes et les Vents. Pausanias seul, III, est plus complet ; il monte exprès sur le Sipylos pour voir la Mère inconsolable. De près, on ne distingue rien ; ce n'est qu'à une certaine distance que la pierre (πέτρα) prend l'aspect d'une femme qui pleure.

Ces détails ne conviennent pas au Tash-Souret ; il n'y a ni source ni rivière à cet endroit ; puis le monument est situé trop près de la plaine ; enfin il n'y saurait être question de femme en pleurs et en deuil. Les anciens ne se représentaient-ils pas le deuil, chez la femme, par le voile qui couvrait, sinon le corps entier, au moins la partie supérieure ; notre statue, au contraire, a la tête remarquablement dégagée, et l'impression générale qu'elle respire n'est certainement pas celle de la tristesse.

La citation IV, aussi de Pausanias, est si claire et si complète qu'il serait difficile d'attaquer le rapprochement de ce texte du Tash-Souret. Le périégète n'avait en vue que ce monument, lorsqu'il parlait de la plus ancienne statue de la Mère des dieux. La comparaison des deux passages (III et IV), si différents dans leur rédaction ne permet pas d'admettre qu'il ait voulu parler d'un seul et même objet. Remarquez d'abord la différence des emplacements, indiqués si minutieusement ; puis les expressions employées pour décrire les monuments ; l'un est la « statue la plus ancienne de toutes », l'autre simplement une « pierre » ou un rocher.

Nous sommes donc en droit d'en tirer les conclusions suivantes :

a. - Le monument de Magnésie est bien la statue de Cybèle, telle que Pausanias l'a vue sur la roche Codine.

b. - Ce nom de Niobé ne lui convient point, en présence des textes cités plus haut ; ces derniers semblent indiquer, au contraire, qu'il y avait une autre statue informe dans la montagne, statue qu'il s'agit encore de trouver, sans doute, plus loin, dans le cœur même du massif, à la source des rivières qui en découlent [1]. Comme nous l'avons dit plus haut, le Sipylos est loin d'être exploré dans son entier ; il renferme certainement encore plus d'une surprise.

    c. - Enfin si, d'après Pausanias, les noms de Cybèle et de Niobé ne peuvent pas convenir à la fois à la statue du Tash-Souret, il n'en est pas moins vrai que les deux mythes ont une grande analogie.

    Nous reviendrons sur ce sujet dans la partie historique.

V

Bas-Reliefs de Nymphi.

    Ces monuments, quoique n'appartenant pas au Sipylos, en sont si rapprochés qu'ils méritent bien d'être traités dans ces pages ; au reste, ils fourniront un excellent trait de comparaison, au point de vue de l'art et de l'histoire, pour la statue de Magnésie.

    A quelques kilomètres à l'est de Nymphi, la chaîne du Tmolos se déprime considérablement, au point de ne former plus qu'un col de 200 mètres de hauteur. Une route antique, dont on retrouve encore de nombreux vestiges, traversait ce col en venant de la vallée du Caystre et d'Ephèse, pour se diriger dans celle de l'Hermus. Or, à l'extrémité septentrionale de cette vallée, appelée aujourd'hui *Kara-Bell*, sur un rocher de calcaire gris, très-dur, est sculptée la soi-disant « *stèle de Sésostris* », à une hauteur de 40 mètres au-dessus du torrent.

    La surface entière du rocher, incliné en talus, a été aplanie

_____

(1) CHANDLER (Travels in Asia-Minor. p 331) suppose que la montagne elle-même dessinait une femme assise ; il dit : The phantom may be defined as an effect of a certain portion of light and shade on a part of Sipylus, perceivable at a certain point of view. »

sur une grande étendue ; vers son milieu, et à environ un
mètre au-dessus du sol, on a creusé une espèce de niche, plus
profonde dans le bas que dans le haut (comme pour redresser
un peu le champ incliné) ; sa hauteur est de 2ᵐ, 50, sa largeur
en bas de 2ᵐ, 50, en hauteur de 1ᵐ, 90. La façade du rocher,
tournée vers le sud, est perpendiculaire à la vallée, de sorte
que le bas-relief n'était visible qu'à ceux qui venaient de la
vallée du Caystre.

Le bas-relief représente un personnage armé (voir la photographie) sculpté en profil et regardant du côté de l'Orient.
Sa coiffure est conique et porte sur le devant un ornement qui
rappelle l'*urœus* des coiffures égyptiennes ; il tient une lance
dans la main gauche et dans la droite un arc ; dans sa ceinture
est passée une sagaie ; il porte pour tout vêtement une courte
tunique striée obliquement ; sa chaussure est recourbée à la
mode asiatique. Tout cet ouvrage est taillé en méplat, sans
modelé, et l'action des pluies a fortement agi sur le rocher, qui
présente une surface raboteuse. En face de la figure et à la
hauteur de la tête, sont quelques emblèmes qu'on a, bien à
tort, fait passer pour des hiéroglyphes.

Tous les savants sont d'accord pour y reconnaître l'un
des monuments décrits par Hérodote (II, 106) en ces termes :
« On voit aussi dans l'Ionie deux figures (τύποι) de Sésostris
sculptées en pierre, l'une sur le chemin qui va d'Ephèse à
Phocée, l'autre sur celui de Sardes à Smyrne. Chacune représente un homme de cinq spithames, tenant une lance dans sa
main droite et un arc dans la main gauche, avec le reste de
l'habillement répondant à cette armure, c'est-à-dire, moitié
éthiopien et moitié égyptien. Sur la poitrine de la figure, et
allant d'une épaule à l'autre, on lit une inscription gravée en
lettres égyptiennes, et dont voici le sens : « C'est moi que ces
puissantes épaules ont rendu maître de ce pays. » Le conquérant ne dit pas qui il est, ni d'où il vient, quoiqu'ailleurs
Sésostris rapporte ces détails. De là, quelques-uns de ceux qui

ont vu ces images, ont conclu que c'étaient des figures de Memnon ; mais ceux qui pensent ainsi, sont bien loin de la vérité. »

Il y a cependant une variante : l'arc est placé dans la main droite du roi, et la lance dans la main gauche ; mais à l'inspection de la figure, on voit combien cette erreur est facile à expliquer.

L'inscription placée sur la poitrine ne se voit plus ; elle aura été effacée par l'action du temps, si jamais elle a existé.

Déjà du temps d'Hérodote les opinions étaient donc partagées au sujet de ce bas-relief ; les uns voulaient y voir Memnon, tandis que d'autres, avec l'historien grec, y reconnaissaient le grand conquérant égyptien. Laissons la parole à M. G. Perrot, qui, dans ses *Mémoires d'archéologie, etc.*, a envisagé la question sous tous les points de vue et est arrivé à des conclusions qui sont l'évidence même.

« Quand on compare le bas-relief de Nymphi aux deux figures de Ghiaour-Kalé et à celles de Boghaz-Keuï [1], on est aussitôt frappé d'une grande ressemblance. Le mouvement de la figure est identique ; c'est le même bonnet, orné aussi d'une espèce d'*uræus* ; c'est la garde de l'épée qui a même forme et est indiquée de la même manière ; c'est la tunique qui offre le même aspect et qui descend jusqu'au même point ; c'est enfin la chaussure si curieuse et si caractéristique. Mais ce qui est encore plus important, c'est la ressemblance complète des proportions, l'identité de style qui existe entre tous ces bas-reliefs de l'Asie-Mineure. Non-seulement ils sont tous ainsi dessinés, à plat et sans modelé, au centre d'une sorte de niche creusée dans la surface du roc ; mais c'est la même attitude donnée au corps, la même manière de représenter soit le nu, soit le vêtement.

(1) Explorations archéol. dans la Galatie, pl. 10, 30, 52.

Cette interprétation, on ne saurait trop le répéter, diffère à tous égards de celle qui avait prévalu en Egypte; elle a bien plus de rapports avec celle où s'était arrêté, à une époque qu'il est difficile de fixer avec précision, l'art assyro-babylonien.

On s'est appuyé, pour confirmer l'origine égyptienne du bas-relief, sur le prétendu cartouche hiéroglyphique qui se trouverait encore à la tête de la figure. Il y a déjà longtemps que les égyptologues ont déclaré ne pas reconnaître dans les signes qu'on leur présentait un groupe d'hiéroglyphes lisible. Notre photographie prouve d'ailleurs que l'on a singulièrement exagéré la netteté que présentent ces signes. Il n'y a jamais eu d'hiéroglyphes; il y a des emblèmes assurément, comme sur d'autres monuments de ce genre. M. Waddington, qui a vu, lui aussi, le monument, est tout-à-fait du même avis.

Examinons, comme contre-épreuve, les monuments certainement égyptiens, qui, sur la côte de Syrie, au Nahr-el-Kelb et à Adloun, rappellent les conquêtes et le passage de Rhamsès II. Ce n'est plus le même style, ni les mêmes proportions dans les figures, mais quelque chose de bien plus élancé, de bien moins trapu. Le cadre des bas-reliefs égyptiens a aussi un tout autre caractère; au Nahr-el-Kelb, au lieu d'une niche grossièrement pratiquée dans le rocher, nous trouvons un élégant édicule que surmonte un entablement; cet entablement est formé d'une sorte de frise que remplit le disque ailé, et d'une corniche que caractérise la gorge égyptienne. Sans parler du prétendu cartouche, l'inscription aujourd'hui disparue, dont parle Hérodote, nous est encore une raison de douter. Ce n'est point cette place que les textes hiéroglyphiques occupent dans les bas-reliefs de Nahr-el-Kelb. Au reste, Hérodote paraît avoir été frappé de la différence qu'il y avait entre les figures qu'il avait vues en Ionie et celles qu'il avait remarquées dans la « Palestine syrienne ». Mais les prêtres d'Egypte lui avaient dit : « Vous retrouverez jusqu'en

Colchide les traces du passage de Sésostris. » Ainsi averti et prévenu, Hérodote ne pouvait manquer de les retrouver ; partout où s'offrait à lui une de ces images de conquérant, taillées dans le roc, il croyait aussitôt reconnaître Sésostris.

L'opinion qu'Hérode repousse avec une certaine vivacité, était donc la vraie ; ils ne se trompaient pas ceux qui, dans le guerrier armé de l'arc et de la lance, aimaient mieux voir Memnon que Sésostris ; pour leur donner raison, il suffit de traduire leur assertion dans le langage de la science. Memnon, dans les traditions de l'épopée, c'était un roi d'Assyrie ; or, quelque soit le souverain ou le peuple qui ait été ici représenté, il est certain que, dans cette figure, l'influence qui se marque de la manière la plus évidente, ce n'est pas celle de l'art égyptien, mais celle de cet art assyrien qu'ont fait connaître à l'Europe, les découvertes de MM. Botta et Layard. » (b)

Citons encore les conclusions de M. G. Maspero (Histoire ancienne, p. 224) au sujet de Sésostris ou Rhamsès II et de la stèle de Nymphi : « Ainsi se terminèrent les guerres de Rhamsès II contre le prince de Khêta. Si glorieuses qu'elles fussent en réalité, la tradition ne les trouva pas suffisantes. Suivant les historiens grecs, Sésostris (1) aurait pénétré d'un

---

(1) Le lecteur ne nous saura pas mauvais gré si nous osons intercaler à cet endroit le jugement spirituel que M. V. Cherbuliez met dans la bouche du héros de son intéressant roman « le roi Apépi. »

— « Et moi, je te jure par ce qu'il y a de plus sacré, par le grand Sésostris lui-même.....

— Oh ! mon oncle, comme vous tombez mal ! Je sais bien qu'on ne peut pas vous en vouloir, vous n'avez guère étudié l'histoire d'Egypte, ce n'est pas votre affaire ; mais apprenez que s'il y a jamais eu dans ce monde une réputation surfaite et même usurpée, ce fut celle de l'homme que vous appelez le grand Sésostris et qui, au demeurant, s'appelait Rhamsès II. Apprenez que votre grand Sésostris était en somme un homme fort médiocre, d'un mérite très-mince, qui a poussé la vanité jusqu'à faire effacer sur les monuments le nom des souverains, ses prédécesseurs, pour y substituer le sien, ce qui a fait prendre le change aux esprits légers, à Diodore de Sicile tout particulièrement, et introduire dans l'histoire les plus déplorables erreurs. Votre Sésostris, bon Dieu ! il n'a jamais vécu que sur un exploit de ses jeunes années. Soit adresse

côté jusqu'au fond de l'Asie et de l'autre jusqu'au Tanaïs et en
Thrace, laissant partout, comme marque de son passage des
statues ou des stèles qui portaient son nom. En Ionie, Hérodote en cite deux, dont l'une se voit près de Nymphi. On y
reconnaît une foule de détails étrangers à l'art égyptien. La
chaussure est recourbée à la pointe comme les souliers à la
poulaine du moyen âge, la coiffure plus semblable à une tiare
phrygienne qu'à la double couronne, et la calasiris striée de
droite à gauche au lieu de l'être de haut en bas. En résumé
il est vraisemblable que cette sculpture n'est pas due au ciseau
d'un égyptien, et tout-à-fait certain qu'elle ne représente pas
Sésostris.

Deuxième Bas-Relief. — La seconde figure dont parle
Hérodote a été retrouvée, ces dernières années (1), non loin de
la première, à l'entrée même de la vallée de Kara-Bel, et tout
près de la place où l'ancienne route de Smyrne à Sardes, cou-
pait celle d'Ephèse à Phocée. Sur la rive gauche du Kara-Déré,
se dresse un bloc de marbre dont la face orientale porte précisément la figure en question. Le sentier actuel passe derrière le
rocher, tandis que la voie antique longeait toujours la rive
gauche de la rivière et passait tout près du monument, comme

---

soit bonheur, il était parvenu à sortir d'une embuscade, vie et bagues
sauves. Voilà la belle prouesse qu'il a fait retracer cent et cent fois sur
les parois de tous les édifices construits sous son règne ; ce fut là son
éternel Valmy, son sempiternel Jemmapes. Je vous le demande, quelles
conquêtes a-t-il faites ? Il opéra des razzias de nègres, parce qu'il avait
besoin de maçons ; il fit la chasse à l'homme dans le Soudan, et son
seul titre de gloire est d'avoir eu cent soixante-dix enfants, dont soixante-
neuf fils.
Revue des Deux-Mondes, 1er septembre 1879, page 27

(1) M. Carl Humann, l'heureux explorateur de Pergame, la découvrit
en juin 1875 ; sur ses données, il en parut une description avec carte
topographique et figures, dans l'*Archéol. Zeitung,* de Berlin, 1875, p. 50,
par M. E. Curtius. — En septembre 1879, M. A. H. Sayce, Queen's,
collège Oxford, visita ses monuments et en rendit compte dans l'*Academy,* des mois d'octobre et de novembre de la même année.

l'indiquent des traces très-évidentes. La base de la niche dans laquelle la figure est sculptée, est à peine à un pied au-dessus de l'ancienne route ; elle attirait donc facilement l'attention des passants du temps d'Hérodote. Malheureusement, ce bas-relief n'est pas conservé dans son entier ; on n'y distingue plus que les pieds, le bras gauche avec la lance, ainsi que les dimensions de la niche. Un Yourouk, à ce qu'on dit, s'avisa d'y adosser sa hutte et de transformer la niche en cheminée ; le feu aurait détruit toute la partie supérieure de la figure. Quoi qu'il en soit, il est impossible de méconnaître la ressemblance générale de ce bas-relief avec le premier ; c'est le même profil d'un homme qui marche, tenant sa lance dans la main gauche ; même chaussure à pointes recourbées. Il en diffère cependant dans quelques détails. Au lieu d'être en méplat avec un relief d'à peine 0^m, 05, comme l'ancien, il était beaucoup plus rond, comme le prouvent les jambes et le bras gauche. Si le premier monument est large en bas et étroit par le haut, le second paraît tout le contraire, du moins en apparence ; car, en réalité, vers le bas, la niche a été évidée des deux côtés comme pour ménager des coulisses. Peut-être a-t-on pris ces dispositions pour préserver le monument des injures des passants, puisqu'il ne se trouve qu'à un pied du sol. Une autre différence entre ces deux bas-relifs, c'est que la niche du second ne paraît porter aucune trace d'emblèmes ou d'hiéroglyphes. M. A. H. Sayce en conclut que l'inscription mentionnée par Hérodote était bien placée ici entre les épaules, sur la poitrine, et que l'historien grec, en parlant des figures de Sésostris en Ionie, avait surtout en vue ce second bas-relief.

Une objection qu'on pourrait soulever, c'est celle de leur grande proximité, le texte d'Hérodote paraissant les placer sur deux points bien éloignés. Mais l'inspection de la carte, et surtout l'existence d'une route antique traversant le Kara-Bel et venant d'Ephèse, ne laissera plus le moindre doute dans l'esprit du lecteur. C'est à ce point de vue que tombe aussi l'assertion de

M. Texier, quand il dit que le premier monument de Sésostris est situé sur l'ancienne route qui conduisait de Sardes à Smyrne ; et un peu plus loin « la route actuelle de Nymphio à Sardes ne passe plus par le défilé de Kara-Bel. » (1) Cette méprise avait déjà frappé MM. Kiepert, Lenormant et Perrot; la route qui franchit le Kara-Bel, tombant directement dans la plaine du Caystre, ne pouvait par conséquent jamais conduire à Sardes ; par contre elle offrait aux habitants d'Ephèse le chemin le plus court pour se diriger vers la plaine de l'Hermus, à Magnésie d'abord, puis à Phocée.

Quant à la route de Smyrne à Sardes, il y a tout lieu de croire qu'elle n'a pas changé depuis l'antiquité ; après avoir franchi le col de Bel-Caïvé, au fond de la plaine de Smyrne, elle longe continuellement le pied septentrional du Tmolus, pour arriver à Sardes et de là à Philadelphie ; de nos jours encore, c'est le chemin des caravanes ; il est vrai que la nouvelle voie ferrée de Smyrne à Alaschehr lui enlève toute son importance.

D'après tout ce qui précède, il s'agit bien ici des deux figures dont parle Hérodote ; mais il n'en est pas moins vrai, que le grand citoyen d'Halycarnasse se trompait en les attribuant à Sésostris et que ceux de ses contemporains qui y voyaient des figures de Memnon, étaient beaucoup plus dans le vrai. Nous avons vu plus haut que M. Perrot (2) reconnaissait dans Memnon, soit un roi d'Assyrie soit de tout autre peuple de la Haute-Asie ; pour être complet, ajoutons les conclusions de M. Sayce, le savant professeur d'Oxford qui vient, tout récemment, de visiter les lieux.

« Les emblèmes du premier bas-relief, sont tous des hiéro-
« glyphes hittites bien connus, de sorte que l'origine hittite de
« ces monuments et d'autres semblables en Asie-Mineure, est

---

(1) Univers pitt., Asie-Mineure, p. 261, 262.
(2) Mémoires d'archéologie, etc., p. 17.

« hors de doute ; en même temps cette découverte importante
« prouve que les Hittites ont poussé leurs conquêtes jusqu'en
« Lydie et aux rivages de la mer Egée [1]. »

---

(1) *Academy*, octobre 18, 1879.

DEUXIÉME PARTIE.

DEUXIÈME PARTIE.

ESQUISSE HISTORIQUE.

La plupart des monuments que nous venons d'étudier dans la première partie de cet ouvrage, appartiennent aux âges dits mythologiques, c'est-à-dire à ce vaste passé de l'humanité que l'histoire n'éclaircit pas d'une lumière directe; qui reste en dehors des tableaux tracés par ce qu'on appelle la littérature. Il est inutile de dire que les données des anciens sur ces époques reculées, ne peuvent être mises en œuvre qu'avec une extrême réserve; c'est à la critique historique, à l'histoire des religions, à la philologie comparée, et surtout aux résultats de fouilles intelligentes, qu'on devra seul des lumières sur cette période, qui, au reste, trouve de plus en plus, de fervents et passionnés explorateurs.

L'exhumation de Ninive, l'étude des sculptures assyriennes, le déchiffrement des inscriptions cunéiformes, les fouilles de la Troade et de Mycènes, nous ont révélé un monde tout nouveau.

En Asie-Mineure, dont les Grecs, pendant de longs siècles, ne savent rien que quelques noms de princes, de peuples et de villes [1], il y a, bien avant Crésus et la conquête perse, des Etats qui sont déjà parvenus à un assez haut degré de civilisation. Cappadociens et Khêtas, Troyens, Phrygiens et Lydiens,

[1] G. PERROT. - Mémoires d'archéologie, etc., p. III.

d'autres encore dont nous commençons à épeler les noms dans les inscriptions assyriennes, méritent toute notre attention.

En attendant que la lumière se fasse sur l'histoire de tous ces peuples, sur le secret de leurs croyances et de leurs langues, sur la suite des luttes qui firent passer de l'un à l'autre l'ascendant de la puissance militaire et de la supériorité morale, il importe de relever soigneusement une à une toutes les traces qu'ils ont laissées sur ce sol privilégié, et, un jour, espérons-le, il jaillira de tous ces travaux réunis, la flamme qui éclairera ces temps dont nous entrevoyons déjà le premier crépuscule.

Tel est aussi notre but dans ce modeste travail sur le Sipylos; apporter notre pierre à l'édifice commun, poser un jalon, quelque insignifiant qu'il soit, dans la direction à poursuivre.

A cet effet, nous résumerons les données mythologiques et héroïques qui se rapportent à notre sujet; nous ajouterons les conclusions qu'on est porté à en tirer, sous toutes réserves, et enfin, nous passerons aux événements plus authentiques de la fondation de Smyrne, la colonie hellénique.

A. - TEMPS MYTHOLOGIQUES.

I

Tantale, et son empire sur le Sipylos.
Pélops, Niobé, Brotée.

Toutes les traditions antiques qui se rattachent au nom de Tantale et de ses enfants, constituent, certes, un des mythes les plus remarquables que nous ait légués l'antiquité. D'un côté, bonheur suprême, richesse absolue, et par suite, orgueil démesuré; de l'autre, ruine complète et châtiment éternel infligé par les dieux irrités: n'est-ce pas là le trait caractéristique de Tantale, roi du Sipyle, comme de Pélops, le père des Atrides à la sanglante mémoire, et de Niobé enfin, cette Rachel païenne qui ne veut pas être consolée, parceque ses enfants ne sont plus.

a. - Tantale était fils de Jupiter et de la nymphe Pluto, c'est-à-dire de la richesse; il fut le père de Pélops, de Niobé et de Brotée. D'après le mythe des Mysiens, il était un ancien, ou le plus ancien roi de ce pays; d'autres nomment aussi la Phrygie et la Lydie. Tous les récits sont unanimes dans les louanges des champs, des troupeaux, de la grande quantité d'or qu'il possédait. D'après Eschyle, les champs de Tantale s'étendaient à douze jours de marche, depuis l'Ida jusqu'au Sipylos. Sa richesse, comme celle de Midas de Phrygie, de Gygès et de Crésus de Lydie, était fort vantée, et les « Talents de Tantale » étaient un proverbe familier aux Grecs (Strabon, 580 et 680). Il était le favori de la Grande-Déesse, qui le combla de richesses.

Le Sipylos ne possédait-il pas d'antiques mines d'or (Strabon, 591, 680).

Sa capitale, située sur le sommet du Sipylus, était une retraite des dieux qui l'aimaient tant qu'on les y trouvait souvent avec les héros, en contribution pour faire bonne chère (Ael. Aristide, I, 371, 372).

Si les Olympiens ont comblé quelqu'un de leurs faveurs, dit Pindare, c'était bien lui; ils le reçurent à leur table, l'admirent à leur conseil et lui firent part de leurs décisions.

Tant de prospérités devaient lui être fatales, l'orgueil le perdit. Il déroba de la table des dieux, le nectar et l'ambroisie, et les donna à ses compagnons (Pindare, Olymp., T. 96). Une autre fois, voulant éprouver la prescience divine, il égorgea son propre fils Pélops et le servit aux dieux dans un festin. Déméter seule, absorbée par la douleur que lui causa la perte de sa fille, mangea de cet horrible mets. Jupiter ordonna à Hermès de rendre la vie à Pélops et lui remit une épaule d'ivoire pour remplacer celle que Cérès avait mangée. Cette épaule avait la vertu de guérir toutes les blessures qu'elle touchait. Il inflige à Tantale des châtiments terribles. Une catastrophe immense détruit sa ville de fond en comble: les eaux sortent de la montagne, engloutissent la ville et forment un lac. Son empire disparaît, et son fils Pélops est obligé de fuir; lui-même est enseveli sous la montagne par le maître des dieux (Schol. ad. Pind., Ol., 90, 97). Jusqu'ici les punitions sont toutes terrestres, mais d'autres poètes, renchérissant sur les premiers, les continuent dans le Tartare. D'après les uns, un rocher immense plane sans cesse au-dessus de la tête de Tantale, menaçant à tous moments de l'écraser (Pind. Ol. I, 90.). Dans les poèmes homériques, au contraire, il est dit:

« Puis j'aperçois Tantale qui, souffrant d'amères douleurs, « se tenait debout dans un lac; l'eau touchait à son menton, et « malgré sa soif, il n'en pouvait boire. Chaque fois que le vieil- « lard se baissait pour se désaltérer, l'onde fugitive tarissait

« aussitôt et sous ses pieds il n'apercevait qu'un sable noir,
« brûlé par un dieu cruel. De beaux arbres laissaient pendre
« au-dessus de la tête de Tantale, des fruits magnifiques;
« c'étaient des poiriers, des orangers, des pommiers superbes,
« de doux figuiers et des oliviers toujours verts; mais dès que
« le vieillard se levait pour y porter la main, tout-à-coup le
« vent les enlevait jusqu'aux nues ténébreuses (Ody., XI, 582).

Tels sont les traits principaux de la légende de Tantale;
complétons-les par celle de son fils.

b. - **Pélops**, fils de Tantale et de Dione, fut le chef de cette
famille illustre à laquelle, d'après Homère, les dieux eux-
mêmes concourent à donner la suprématie sur toute la Grèce.

L'agrandissement de la puissance de Tantale dut inspirer
quelque jalousie aux souverains de Troie, qui prétendaient à une
domination universelle sur les tribus pélasgiques et autres de
l'Asie-Mineure, et parvinrent enfin à l'obtenir. Telle fut sans
doute la cause qui força Pélops à se bannir des Etats paternels.
Hérodote, en effet, nous apprend (liv. I.) qu'une guerre qui
s'éleva entre le Phrygien Ilus et Tantale, roi de Lydie, pour la
démarcation de leurs frontières, fut suivie d'un grand massacre,
et il est probable que ce fut ce revers qui détermina l'émigration (Paus. II, 22). Il passa de là en Thessalie, où il rassembla
une nombreuse armée, avec laquelle il vint envahir le Péloponèse [1].

D'autres traditions, recueillies par Thucydide (liv. I, 9),
rapportent que Pélops, ayant apporté d'Asie de grands trésors
aux populations pauvres de la péninsule, établit son autorité
parmi elles, et, tout étranger qu'il était, donna son nom à la
contrée; ses descendants devinrent encore plus puissants.

Homère enfin se tait complétement sur l'origine asiatique
de Pélops. De là l'hypothèse, avancée par quelques-uns, que

---

(1) RAOUL-ROCHETTE, Histoire des Colonies grecques, I, 345.

son émigration en Grèce est une invention des colons Grecs, pour faire valoir un ancien droit sur les pays conquis, c'est-à-dire, venger les injustices commises contre leur ancêtre Pélops [1]. Les fouilles de Mycènes ont mis cette hypothèse à néant; il est aujourd'hui admis que la civilisation assyro-babylonienne est venue en Grèce, non-seulement par la Phénicie, mais aussi par l'Asie-Mineure. Parmi les analogies entre les monuments de la capitale des Pélopides et ceux de l'Asie-Mineure, nous ne citerons que les caractères d'architecture, et surtout les voûtes en ogive et en encorbellement, ainsi que les lions de la porte de Mycènes. « Pélops, fils du roi phrygien Tantale, quand il émigra à Mycènes, venait de la Phrygie où l'on rendait un culte célèbre à la mère des dieux, Cybèle, dont l'animal sacré est le lion. Donc Pélops apporte avec lui le culte de la divinité protectrice de sa première patrie, et fait de son animal sacré le symbole des Pélopides [2]. »

c. - **Niobé**, selon Diodore de Sicile, était fille de Tantale et de Dione ou Taygète; suivant d'autres traditions, de Phéronée et de Laodice. Elle épousa Amphion, roi de Thèbes, à qui elle donna six fils et six filles. Fière de cette fécondité, elle eut l'insolence de se comparer à la déesse Latone et de se vanter de lui être supérieure, parce que celle-ci n'avait eu que deux enfants, Apollon et Diane. La déesse irritée, chargea de sa vengeance ses enfants eux-mêmes qui tuèrent ceux de Niobé à coups de flèches sur le mont Sipylos. Ils étaient au nombre de douze suivant Homère, de quatorze suivant Euripide et de vingt suivant Pindare. La douleur de Niobé fut si grande que Jupiter, exauçant ses vœux, la métamorphosa en pierre. Ovide décrit ainsi le tragique événement:

---

(1) Dunker, Gesch. des Alterthums, III, Bd. 142.

(2) Dr Schliemann, Mycènes, p. 88 et 448.

Au milieu de leurs corps étendus et sanglants,
Veuve de son époux, veuve de ses enfants,
Ses longs cheveux épars n'ont plus rien de flexible.
On a vu se raidir et ses pieds et ses bras;
Son œil sans mouvement regarde et ne voit pas;
Son sang s'est refroidi, son coloris s'efface,
Sa lèvre est pâle et morte, et sa langue se glace.
Rien ne vit plus en elle. Au-dedans, au-dehors,
Un froid mortel en marbre a durci tout son corps;
On voit pleurer encor son image sans vie,
Un tourbillon l'emporte aux champs de Phrygie.
Là, sur un mont placée, elle pleure toujours,
Et le temps, de ses pleurs, ne tarit point le cours.
D'un si grand châtiment la terreur exemplaire
Fait révérer Latone et trembler le vulgaire.

(Métam. liv. IV, traduct. Desaintange).

Une autre tradition conservée par Parthénias, dans ses *Affections d'amour* (ch. XXXIII), d'après les *Lydiaques* de Xanthios, raconte tout autrement la fable de Niobé. Il la présente comme fille d'Assaon et femme de Philotas. Latone, pour se venger d'elle, n'aurait pas employé les flèches de ses enfants, mais, après avoir fait déchirer son époux à la chasse par les bêtes féroces, aurait inspiré à son père un violent amour pour elle; Assaon, se voyant repoussé, réunit dans un banquet les fils de Niobé et les fit tous brûler, Niobé, à la suite de cette catastrophe, se précipita du haut d'un rocher, et Assaon, ne pouvant échapper au souvenir de son crime, se suicida également.

Cette diversité des traditions a fait supposer à beaucoup de mythographes qu'il y avait deux Niobé, l'une argienne et l'autre lydienne; mais comme dans les légendes, le lieu de la scène est toujours le Sipylos, cette hypothèse est mal fondée. Il ne faut voir dans toutes ces données que les variantes d'un même mythe, celui de Cybèle, de la Grande-Déesse.

Il était naturel qu'un si dramatique sujet inspirât souvent les poètes et les artistes. Eschyle, Sophocle et Euripide transportèrent sur la scène les malheurs de Niobé et de ses enfants. Presque tous les poètes latins ont rapporté et commenté la fable grecque.

La statuaire s'est plu également à représenter le massacre des enfants de Niobé et le désespoir de cette mère infortunée [1]. Le groupe le plus célèbre est dû au ciseau de Praxitèle, si l'on s'en rapporte à cette inscription placée par un poète sur le piédestal de la statue de Niobé.

> « Les immortels, de mon vivant, me changèrent en marbre;
> le ciseau de Praxitèle m'a rendue à la vie. »

d. - **Brotée.** — La tradition cite encore un second fils de Tantale; elle le fait agir dans un domaine tout différent de celui des autres enfants du roi du Sipyle. En effet, Pausanias (III, 22) attribue à Brotée, fils de Tantale, la plus ancienne statue de la mère des dieux, sur la roche Codine, dans le pays des Magnésiens qui habitent au nord du Sipyle. C'est là, au reste, tout ce que nous savons de ce Brotée; car il ne faut pas le confondre avec trois autres personnages de même nom, qui, à des titres divers, se sont illustrés dans la mythologie grecque.

II

Cybèle et son culte.
Galles, Amazones.

Certes un des éléments les plus importants de l'histoire du Sipylos, c'est le culte de la grande divinité féminine, si répandu en Asie-Mineure; en effet, cette montagne n'a-t-elle pas donné à la déesse un de ses noms; n'y avait-elle pas ses sanctuaires, et surtout n'est-ce pas ici qu'on venait contempler sa statue la plus antique ?

---

[1] On possède encore trois beaux groupes de Niobé, dans la villa Borghèse, au Vatican et à la villa Albani. Mais le plus beau monument qui rappelle le massacre des Niobides se trouve au Musée de Florence.

« Les Bérécynthes, tribu phrygienne, et en général tous les peuples de la Phrygie, dit Strabon, comme ceux de la Troade qui habitent autour du mont Ida, rendent à Rhéa un culte où entre l'orgie. C'est Rhéa qu'ils invoquent sous le nom de Mère des dieux, d'Agdistis, de Déesse phrygienne, de Grande-Déesse, ou que, d'après la dénomination de certains lieux dans lesquels on l'honore, ils qualifient d'Idéenne, de Dindymène, de *Sipylène*, de Pessinuntis, de *Cybèle* (X, 579). »

D'après la mythologie, Cybèle devait le jour à Méon et à Dindyme, roi et reine de Phrygie. Elle aima passionnément *Atys*, jeune berger phrygien, et le choisit pour son prêtre, sous la condition qu'il garderait sa chasteté. Mais Atys oublia avec une fille du fleuve Sangarius, la promesse qu'il avait faite. Pour le punir, la déesse le jeta dans un délire furieux durant lequel il se mutila; il alla même attenter à ses jours, quand Cybèle le métamorphosa en pin.

Le culte de la déesse représentait d'une manière symbolique sa légende mystique, qui n'était autre chose que l'expression des principaux phénomènes naturels qui se rapportent à l'influence du soleil sur la terre, à la reproduction des êtres, à la succession des saisons. A Cybèle était associé un dieu, nommé Atys, Attès ou Atès, d'un rang inférieur à elle et qu'on lui donnait pour amant. Cet Atès paraît avoir été une personnification du soleil. Sa fête tombait au commencement du printemps. Le premier jour, on pleurait la mort du dieu; c'était évidemment une allusion au passage de l'été à l'hiver. La métamorphose en pin trouve sa raison d'être en ce que les conifères sont presque les seuls végétaux qui gardent leur verdure durant l'hiver. Le second jour, les *Galles* ou prêtres faisaient retentir l'air des sons de leurs cornes et de leurs trompettes. Le troisième jour, ils se livraient à tous les excès de leurs exercices orgiastiques. Le quatrième jour, Atys était censé ressuscité et l'on exprimait sa joie par des danses désordonnées.

Enfin le cinquième jour était consacré au repos [1].

Cybèle était donc une personnification de la terre, non pas spécialement de la terre cultivée et productrice; comme la Démêter grecque, mais plutôt du sol dans son état rocailleux et abrupt primitif: voilà pourquoi les pierres, les montagnes couvertes de forêts lui étaient consacrées et passaient même pour ses images. A Pessinonte, son simulacre était une pierre tombée, disait-on, du ciel et jadis recueillie sur une cime placée sous sa protection. Au mont Ida, il existait une autre pierre qui lui était consacrée et à laquelle se rattachait la même tradition. Au Sipylus enfin, nous avons vu plusieurs monuments en rapport direct avec la grande Déesse; d'abord sa statue [2], près de Magnésie; puis le Hiéron, plus près de Smyrne, qui présente bien tous les caractères propres à cette déesse des rochers et des montagnes. Un troisième monument qu'il est permis de rapprocher de Cybèle, c'est cette pierre informe que Pausanias va visiter dans le Sipylos, et qui, de loin, a l'apparence d'une femme en deuil, mais de près n'est qu'un rocher. A ses yeux, c'est Niobé, la mère inconsolable qui, changée en pierre, pleure encore ses enfants. Cette tradition nous amène naturellement à parler de la transformation que dut subir la Cybèle phrygienne quand elle fut introduite dans la lithurgie grecque. Il lui fallut se conformer aux lois de l'Olympe, et sous la figure de Rhéa, renoncer à son poétique amant, pour nouer une union philosophique avec Saturne, - la Nature avec le Temps - ; de Déesse mère, elle devint la mère des dieux. Cette notion est beaucoup plus simple que l'autre, moins dangereuse et plus morale.

La douleur de la déesse à la mort d'Atys, c'est Niobé qui pleure ses enfants; c'est la Terre, éplorée, qui regrette le Soleil et voit périr autour d'elle tout ce qu'elle a produit pendant la

---

(1) Mr MAURY, Histoire des Religions, etc., III, 80 et suiv..

(2) Mr SAYCE, dans l'*Academy* du 18 octobre 1879, parle d'un grand phallus taillé dans le roc, qu'il aurait découvert à un demi-mille à l'est de la statue.

belle saison. Si Sapho de Lesbos nous dit que la déesse Latone
et Niobé étaient de proches parents, il en résulte qu'on consi-
dérait la dernière, à l'origine, comme une déesse. On remarquera de même que la légende citée par Parthénias, renferme
beaucoup plus de traits communs au mythe de Cybèle, que ne
le font les traditions des poètes grecs proprement dits.

Citons, pour mémoire, d'autres explications proposées par
la critique. « On a vu dans Niobé, une déesse de la pluie, et
dans ses enfants les mois d'hiver, terrassés au printemps par le
dieu solaire. Mr Cox y voit les enfants du brouillard, en d'autres
termes les nuages, qui sont dissipés par les rayons du soleil,
pendant que Niobé se fond en une pluie de larmes, qui se
change en glace au sommet des monts.» Un autre, enfin, voit
dans la fable de Niobé, la forme mythologique de la destruction
de Tantalis. « Niobé, la ville superbe, fille de Tantale, est pétri-
fiée de douleur; elle pleure de voir autour d'elle le pays inondé
et détruit; ses filles sont les sources qui arrosaient autrefois la
contrée et qui furent taries; ses fils sont les villes voisines,
englouties par la colère des dieux. »

Si la théologie grecque s'est efforcée de transformer la
conception étrange de la déesse Sipylène, il faut ajouter qu'elle
n'a pu empêcher le développement de la fable immorale d'Atys,
ni l'invasion dans le peuple d'abord, et ensuite dans la société
tout entière, des superstitions et des pratiques diverses qui se
rattachaient au culte asiatique de Cybèle et de son amant.

Dans chaque ville où existait le culte de la déesse, ses
prêtres, appelés *galles*, étaient organisés en un collége sacré
qui avait à sa tête un *archigalle*. De même que les derviches,
ils mendiaient de lieu en lieu, débitant pour quelque argent
leurs prières ou leurs formules purificatoires. On appelait ces
corybantes vagabonds, *métragyrtes*; ils portaient un costume
particulier; vêtus d'une tunique de lin et d'une robe de soie
semée de fleurs et brodée d'or, ils portaient sur la tête une
sorte de mitre, coiffure d'origine essentiellement asiatique. Les

actes bizarres et indécents auxquels se livraient ces charlatans, finirent par inspirer pour eux un sentiment de dégoût et de mépris.

Le culte de Cybèle, sous ses rapports purement asiatiques, rappelle cette grande divinité, d'origine babylonienne que les Phéniciens et d'autres peuples, sans doute, ont introduit dans l'Asie antérieure; elle s'appelle *Mâ* en Cappadoce, *Anaïtis* à Zéla dans le Pont, *Dindymène* à Pessinunte en Phrygie; de là les Pélopides en ont porté le culte dans la Grèce propre, où cette déesse devint tantôt *Artémis*, tantôt *Aphrodite*. C'est elle encore qu'on reconnaît dans l'*Artémis* du fameux sanctuaire d'Ephèse; là tout le corps de la déesse est couvert de mamelles gonflées de lait. C'est la mère et la nourrice universelle.

Toutes ces divinités féminines représentent, dans leur essence, une même conception religieuse; mais sur ces côtes découpées en un si grand nombre de petits Etats autonomes, cette conception, en passant par l'esprit actif des Grecs, a subi divers changements de forme et pris différents noms. Ainsi le culte d'Héra à Samos a le même fond que celui d'Ephèse. Si l'on a méconnu l'identité primitive de ces déesses, Aphrodite et Artémis, Héra et Cybèle, c'est que l'on a trop isolé les Grecs de leurs voisins. Sur les côtes de l'Archipel, l'idée panthéistique se brise en tant de rayons, que l'on a pu méconnaître jusqu'à nos jours l'unité du foyer primitif [1].

Avant de finir ce chapitre, notons encore un dernier trait et pas le moins important, de ces cultes asiatiques. Outre les colléges de prêtres, ces antiques divinités avaient aussi des légions de prêtresses, à l'origine, armées à la guerre et célébrant l'anniversaire de leur déesse par des combats sanglants. Hérodote (IV, 180) raconte ces fêtes dans le sanctuaire de la Séléné lybienne. Or, on se rappelle l'analogie entre ce culte et celui d'Artémis d'Ephèse. Callimaque décrit les danses des

---

[1] G. Perrot, Revue des Deux-Mondes, 15 mai 1879. L'Ile de Cypre.

prêtresses du temple, et ne disait-on pas que celui-ci avait été fondé par les Amazones, ou au moins avait reçu sa consécration par l'asile qu'il accorda à ces femmes guerrières.

Ces mêmes prêtresses défendaient vaillamment leur temple contre l'ennemi. Ainsi à Ephèse, les Athéniens étaient frappés de cette apparition merveilleuse de prêtresses fanatiques qui défendaient, l'épée et l'arc à la main, le terrain sacré de la grande déesse; et, tandis qu'ils oublièrent les peines et les dangers de la colonisation, le combat avec les *Amazones*, c'est-à-dire les prêtresses guerrières, resta pour tous les temps, un sujet de prédilection pour l'art attique (1).

Ces considérations nous aideront à nous rendre plus facilement compte des rapports des Amazones avec la fondation de la première ville de Smyrne ; en même temps, elles nous expliquent la haute estime et la vénération toute religieuse que les habitants de cette ville vouèrent toujours à l'*Amazone Smyrna*. Avant de traiter de ces rapports, écoutons ce que les traditions disent des anciennes villes du Sipyle.

III

Villes préhistoriques du Sipylos.
Tantalis, Sipylus, Navlochon.

L'antiquité, non-seulement nous a conservé la légende de Tantale et de son empire, mais elle s'est efforcée de la localiser, et ses représentants les plus autorisés reviennent sans cesse sur ce sujet.

α. - **Tantalis**, capitale de la Méonie, fut fondée sur le Sipyle, où elle fut la retraite des dieux et des chœurs des Curètes autour de Cybèle. Elle fut le berceau de toutes les fables mystiques que la crédulité des citoyens de Smyrne

---

(1) E. Curtius, Beiträge, etc. p. 10 à 12.

9

honore depuis d'un culte superstitieux [1].

Le commerce des Immortels avec les heureux habitants de cette ville, ferait supposer qu'elle était sur le sommet de la montagne, sur la cime même la plus élevée.

Cependant les autres récits qui concernent tous sa destruction, semblent s'écarter de cette hypothèse.

Strabon, en effet, en parlant des tremblements de terre de cette montagne, raconte : « Et *Sipylus* fut engloutie sous le règne de Tantale, et les marais ont formé des lacs, καὶ Σ.πυλος κατεστράφη, κατὰ τὴν Ταντάλου βασιλείαν, καὶ ἐξ Ἑλῶν λίμναι ἐγένοντο. (Strab., I, 58 C). Il revient sur ce sujet une seconde fois, et dit qu'il ne faut pas regarder comme une fable ce qu'on raconte du mont Sipyle et de son bouleversement (XII, 579 C).

Aristote, (Météorol., II, 8), en parle en ces termes : γενο-μένου δὲ σεισμοῦ τὰ περὶ Σίπυλον ἀνετράπη, un tremblement de terre ayant eu lieu, tout ce qui était attaché au Sipyle fut renversé. Pline (V, 31), fait allusion aux mêmes événements : « Ont péri dans l'intérieur Daphnus et Hermésia, et *Sipylus*, appelée jadis *Tantalis*, capitale de la Méonie, et située là où est maintenant l'étang *Salé* ; ont péri encore *Archéopolis*, substituée à Sipylus, *Colpé*, substituée à Archéopolis, et *Lébade*, substituée à Colpé. En revenant sur nos pas, nous trouvons à douze mille pas, sur la côte, Smyrne, fondée par l'Amazone et rétablie par Alexandre. »

Dans un autre passage, il revient sur ces phénomènes géologiques : « La terre, en s'affaissant, a absorbé... *Sipylus* dans la Magnésie, et antérieurement dans le même endroit, la célèbre ville qu'on appelait *Tantalis* [2]. »

Aelius Aristide (loc. cit.) ne manque non plus de mentionner la destruction de cette ville légendaire : « Celle-là (c'est-à-

(1) AEL. ARISTIDE, Œuvres compl. Dind. I, p. 372.

(2) Hist. nat., II, 44. Terra devoravit... Sipylum in Magnesia et prius in eodem loco clarissimam urbem quæ Tantalis vocabatur.

dire la plus ancienne ville), les nymphes l'ont reçue et elle est à présent cachée comme un écueil ; car, comme on dit, elle est allée sous le lac. »

Pausanias, enfin, après avoir exposé sa théorie des tremblements de terre, ajoute : « *Idée*, ville située sur le mont Sipyle, fut abîmée de la sorte; ἐξ χάσμα ἀφανισϑῆναι; l'eau qui sortit de la montagne, engloutit la ville et forma un lac que l'on nomme *Saloë*; » et il ajoute un peu naïvement : « καὶ ἐρείπια πόλεως δῆλα ἦν ἐν τῇ λίμνῃ, πρὶν ἤ τὸ ὕδωρ ἀπέκρυψεν αὐτὰ τοῦ χειμάρρου. »

Ces données nous prouvent combien les anciens tenaient à l'existence de cette antique ville; ils justifiaient sa complète disparition par les tremblements de terre. Peut-être la suite de notre travail prouvera que les révolutions politiques y eurent une part au moins aussi considérable.

Un fait qui frappe dans ces passages, c'est la tradition de Pline, d'après laquelle la ville aurait porté cinq noms successifs, ou bien cinq villes se seraient succédé au même endroit : *Tantalis*, *Sipylus*, *Archéopolis*, *Colpé* et *Lébade*. A moins de supposer des emplacements divers, il y a évidemment contradiction.

Où était située cette Tantalis, *clarissima urbs*? A Pétrota, au nord de Smyrne, ou près de Magnésie, ou encore au lac de Tantale ? Ces trois emplacements ont trouvé des défenseurs; examinons les preuves.

Les ruines, au-dessus de Pétrota, dans lesquelles M. Texier reconnaît Tantalis, se laisseront difficilement identifier avec celles dont nous parlent d'un commun accord tous les anciens auteurs. En effet, la montagne se fend, des rivières s'échappent de ses flancs et la ville entière est engloutie dans le lac marécageux de Saloë. La plus complète destruction a donc lieu; c'est la mythologie seule qui en parle; cependant Strabon s'efforce d'en prouver la vérité par les tremblements de terre des temps historiques (XII, 579, C.). Ici, au contraire, une acropole est toujours visible au sommet de la montagne; des tombeaux nombreux sont disposés sur ses flancs; rien dans la conformation du terrain pour y reconnaître une ville engloutie. La flaque d'eau que M. Texier appelle lac Saloë dans le texte de son ouvrage, et aussi lac de Tantale dans sa carte du Sipylus, est située au-dessus des tumulus et à plus de cent-cinquante mètres au-dessous de l'acropole. Au reste, ses dimensions sont si minimes, même en hiver, qu'il est impossible de l'identifier au lac marécageux de Saloë.

Chandler, Hamilton, G. Hirschfeld, placent la localité de cette légende dans la plaine marécageuse, à l'est de Magnésie, au pied de la roche Codine, là où se voit encore la fameuse statue de Cybèle.

Il est certain qu'il existait à cet endroit un grand centre d'habitation, comme nous l'avons vu plus haut; mais rien ne milite en faveur de l'hypothèse d'y placer l'antique Tantalis. En effet, le marais en question est trop insignifiant; aujourd'hui même, l'étang n'existe que grâce à un endiguement artificiel. Or, Pausanias parle du lac Salaé comme existant encore de son temps; de plus, après avoir pris en considération tous les passages qui le concernent, il est difficile de ne pas le placer dans l'intérieur de la chaîne de montagnes; par conséquent, de placer Tantalis dans le cœur même du Sipylos. Puisque les dieux la fréquentent et y font bonne chère avec les mortels, on se la figurait sur le sommet de la montagne, et non au pied, au bord de la plaine. C'est ainsi qu'Aelius Aristide a pu dire : « La plus ancienne ville fut fondée sur le Sipylus, où elle fut, dit-on, la retraite des dieux. »

Pline est encore plus explicite : après avoir énuméré les différentes villes qui se sont succédé sur le Sipylos, il ajoute : « En revenant en arrière, nous trouvons à douze mille pas, sur la côte, Smyrne fondée par l'Amazone et rétablie par Alexandre. » Ces douze mille pas, à raison de un mètre quarante-huit le *passum*, font dix-sept kilomètres sept cent soixante mètres. Or, ce chiffre, bien loin de nous conduire à Magnésie, nous laisse sur la crête de la montagne, à moitié chemin à peu près, entre cette ville et Smyrne. Dans un autre passage, le même auteur appuie sur le fait que la ville de Sipylus était sur le territoire de Magnésie. En ajoutant foi aux données du naturaliste romain, l'emplacement de Tantalis se trouverait donc dans le massif du Manissa-Dagh, le Sipylus proprement dit, jusqu'ici à peu près inexploré. De nouvelles recherches seules pourraient résoudre la question ; jusque-là, il est prudent de s'arrêter aux hypothèses.

On m'objectera peut-être ici, pourquoi ne pas placer Tantalis au Kara-Göl et appeler ce lac Saloé. D'abord ce lac possède trop peu le caractère d'un marais, tel que nous le voyons constaté unanimement dans les textes anciens ; puis, les alentours ne portent aucune trace d'un bouleversement quelconque qui justifiât la tradition. En outre, son éloignement de Magnésie pourrait aussi être un obstacle.

Au reste, de ce que l'un des sommets voisins de ce lac, a été identifié au *Trône de Pélops,* il ne s'ensuit pas que Tantalis doive être à la même place ; car les textes de Pausanias, examinés avec soin, ne nous permettent pas de les confondre, ni de les superposer les uns aux autres ; c'est là une faute à laquelle il est facile et souvent tentant de se laisser entraîner. Si donc l'emplacement de cette antique ville de *Tantalis*, ainsi que celui du lac *Saloé* se refusent, jusqu'à présent à une identification certaine, et que d'intelligentes explorations seules pourront peut-être apporter quelque lumière dans une question si obscure, nous serons plus heureux dans la recherche de la seconde ville, fondée aussi par Tantale, et nommée *Navlochon*, plus tard, *Smyrne.*

b. - C'est encore Ael. Aristide que nous suivrons comme guide. « La deuxième ville, dit-il, était située sous le Sipylos, vers sa saillie, sur le bord de la mer, entre l'ancienne et celle d'aujourd'hui . » Cette indication suffirait pour reconnaître cette ville dans les ruines qui entourent le tombeau de Tantale ; elles sont effectivement situées entre le Pagus, où était la ville d'Alexandre et le sommet du Sipyle, où Aristide plaçait Tantalis, la plus ancienne ville. Consultons le témoignage d'autres écrivains, pour éclaircir complétement cette question fort débattue.

Pausanias (VII, 5, 1) distingue, en parlant de Smyrne, la ville de son temps et fondée par Alexandre, de celle des Eoliens, et dont s'emparèrent les Ioniens de Colophon. « Elle était une des douze villes des Eoliens et était habitée de même que de mon temps encore, au lieu qu'on appelle la *Ville ancienne.* »

Strabon, par deux indications précises, fournit le moyen de déterminer l'emplacement de cette ville ancienne. Après avoir parlé de Clazomène, patrie d'Anaxagore, située sur la côte de la presqu'île qui enferme au sud le golfe Herméen, il continue en ces termes :

« Viennent ensuite un temple d'Apollon, puis des eaux thermales (Lidja du château) ; et enfin la rade et la ville de Smyrne. A cette rade en succède une autre, près de laquelle existe l'ancienne Smyrne, à vingt stades de la nouvelle. »

Evidemment le géographe distingue dans la longueur totale du golfe trois parties, dont la première, qu'il indique sans la nommer, est le golfe Herméen. La seconde partie, plus à l'intérieur, forme l'admirable rade de la moderne Smyrne, et la troisième, où se termine le golfe, aboutit à l'échelle de Bournabat. C'est près des bords de ce dernier bassin que doit être situé le point que nous cherchons, et, en effet, à la distance de vingt stades, mesurés sur la largeur du golfe, à partir de la ville moderne, se trouvent les restes de constructions que nous avons décrits dans la première partie de cet ouvrage.

Dans ces vestiges d'une haute antiquité, quelques voyageurs ont cru retrouver Sipylus, la ville où règna Tantale, mais, comme le remarque très-bien Hamilton (Researches in Asia-Minor, t. I, p. 49), Sipylus, d'après les termes de Strabon, qui en fait mention en plus d'un endroit, ne paraît pas avoir été aussi rapprochée de la mer, et, comme nous l'avons vu, doit plutôt être cherchée sur le sommet du mont Sipyle, tandis que la position des ruines dont nous parlons, voisines de la mer, se rapportent parfaitement au site qu'a dû occuper la Smyrne des premiers temps.

Enfin, parmi les preuves alléguées par le savant voyageur anglais, il en est une qui tranche la question, c'est que dans toute cette partie de la contrée, on ne peut trouver aucun autre emplacement pour une ville, à moins de supposer, contre l'usage général des anciens, qu'elle fût bâtie en entier dans la plaine. Lorsqu'on fait le tour de la baie de Bournabat, depuis le Pagus qui domine la ville moderne, jusqu'à la colline dont nous avons parlé plus haut, cette hauteur est la seule qui présente l'apparence d'une acropole, ou sur laquelle on ait découvert d'anciennes ruines. Strabon, dans sa description si exacte de la côte de l'Ionie, et surtout du golfe de Smyrne, parle bien de l'ancienne ville de ce nom, mais ne fait jamais allusion au fait que l'ancienne Sipylus fut située au bord de la mer, quoiqu'il cite le nom de cette dernière ville dans plus d'un endroit. La preuve est négative, il est vrai, mais comparée aux autres textes, elle les corrobore parfaitement, et en acquiert ainsi une valeur toute positive. Nous avons déjà cité Ael. Aristide; Etienne de Bysance n'est pas moins clair quand au mot *Smyrne*, il dit : « Ville de l'Ionie que Tantale fonda et gouverna d'abord ; elle était alors appelée *Navlochon* et ensuite elle fut nommée *Smyrne,* de l'Amazone Smyrne qui prit possession d'Ephèse. » Ainsi, cette ville, fondée par Tantale, appelée d'abord Navlochon (port, mouillage), puis Smyrne, était bien au bord de la mer, et surtout bien distincte de la ville de *Sipylus.* Tantale, outre sa capitale dans la montagne, voulut avoir près de la mer une ville avec un port. A cheval sur le Sipylos, son empire ne pouvait manquer de de-

venir continental et maritime. Ce dernier caractère l'emporta
même si bien, que cette seconde ville, éclipsa bientôt la métropole dont il ne resta plus que des souvenirs fabuleux.

Les auteurs, comme à l'envi, rapportent la destruction de
cette capitale du Sipyle : elle fut détruite par un tremblement
de terre et engloutie dans le lac Saloé qu'elle dominait de la
hauteur. Il n'en est pas de même de la seconde ville ; bien
loin de s'agir d'une destruction quelconque, à cette époque reculée, il résulte des passages cités plus haut, qu'elle a duré
jusqu'aux temps historiques, en changeant de nom, et, en
partie du moins, de population. En effet, c'est dans cette ville,
au pied du Sipylus, qu'ont lieu les premiers établissements
des peuples d'origine hellénique ; Aristide, en parlant de
Smyrne, dit clairement : « Le peuple le plus ancien y est au-
tochthone ; et comme elle dut recevoir des colons, elle en a reçu
de ceux des autochtones du reste du continent, et elle a
absorbé heureusement les Hellènes de vis-à-vis. Elle a reçu,
comme on dit, les Erechtides d'Athènes, à partir de la guerre
contre les Amazones, et ensuite ceux qui vinrent après (Œuv.
compl. t. I, p. 372). »

Ces considérations nous conduiraient à la fondation de la
colonie grecque ; cependant, avant de passer à l'époque historique, passons en revue les peuples qui habitaient la contrée à
cette époque reculée, tels que les anciens nous en ont conservé
les souvenirs mythiques, et ajoutons quelques-uns des résultats
que les recherches de la science et de la critique modernes, ont
fourni à ce sujet.

IV

Peuples antiques de l'Asie-Mineure.

Toutes les races du monde antique semblent s'être donné rendez-vous en Asie-Mineure. Au début de l'histoire, on y trouve les *Touraniens* et les *Koushites* établis, chacun selon ses instincts nationaux, les premiers sur les côtes du Pont et sur le plateau central, dans un pays de montagnes et de mines; les seconds sur le versant de la mer Egée, dans des régions propres à la culture et au commerce maritime. Les Koushites disparurent les premiers sans presque laisser de traces; c'est à peine s'il est permis de reconnaître dans les Cares primitifs, les restes d'une de leurs tribus les plus puissantes.

« Ils succombèrent sous les attaques combinées des Aryens et des Sémites. Ces derniers ne se bornèrent pas à coloniser la Syrie et les bords de l'Euphrate, mais jetèrent des rameaux jusqu'à la mer Egée. C'est en Lycie, et le long de la côte méridionale, que les tribus sémitiques parvinrent à s'établir solidement. Un rameau de la branche araméenne colonisa la Cilicie, et forma bientôt, avec les *Solymes* et les *Erembes*, l'avant-garde des peuples sémitiques, contre les nations de race âryenne. »

Les Aryens d'Asie-Mineure appartiennent tous à une même famille dont le domaine s'étendait de l'Arménie au Tauros et à la mer de l'Archipel. Le gros de la nation se concentra sur la partie occidentale du plateau, arrosée au nord par le Sangarios, au sud par le Méandre. Ce pays, auquel on a donné le nom de *Phrygie*, a toujours été renommé pour la fertilité de ses champs et la beauté de ses prairies; il devint bientôt le siége d'un royaume puissant et d'une race laborieuse. La langue phrygienne est apparentée au grec; sa déclinaison et sa conjugaison avaient les flexions et subissaient, au moins en partie, les lois phonétiques du grec [1]. Séparés de la mer par des peuples dè la même famille, les Phrygiens s'isolèrent bientôt, et donnèrent à leur civilisation un tour particulier. Leurs traditions nous montrent les plus puissants de leurs rois, établis aux sources du Sangarios; Gordios et son fils Midas fondent une monarchie dont la puissance porta haut, parmi les Hellènes d'Europe, la renommée du nom phrygien. Cette renommée était parvenue jusqu'en Egypte, témoin la tradition que nous a transmise Hérodote (II, 5), d'après le récit des prêtres de Memphis.

Au surplus, les Phrygiens firent de bonne heure des pas rapides dans la civilisation ; c'était à eux, ainsi qu'aux Lydiens, que les Ioniens d'Asie reconnaissaient devoir une partie de leurs progrès dans les arts, qu'à leur tour ils transmirent à leurs compatriotes de la Grèce européenne [2]. Au début de l'histoire grecque, les rois de Phrygie sont célèbres par leurs richesses, leur amour pour les chevaux et l'adoration fanatique qu'ils rendaient à la Mère des dieux et à Dionysos. Le char royal de Midas et son nœud gordien, restèrent longtemps intacts comme un souvenir de l'ancienne suprématie phrygienne : il fallut l'épée d'Alexandre pour trancher le nœud, et l'invasion grecque pour faire oublier les vieux rois nationaux.

Au nord de la Phrygie, quelques tribus âryennes peu nombreuses, se répandirent dans les forêts qui bordent le Pont-Euxin, et devinrent la race obscure des *Paphlagoniens*. A leur gauche, les *Thraces*, sous le nom de *Thyni, Bithyni, Bébrikes*, occupaient les deux rives du Bosphore [3].

Plus à gauche encore, la grande nation des *Mysiens* couvrait la vallée du Rhyndaque et celle du Caïque, le massif de l'Ida et toute la péninsule jusqu'à la mer Egée. C'est ici que prospéra

(1) E. CURTIUS, Griech. Geschichte, t. I, p. 63.

(2) VIVIEN DE SAINT-MARTIN, L'Asie-Mineure, t. I, p. 173.

(3) E. CURTIUS, Gr. Geschichte, t. I, p. 63

l'empire de Troie, sur les bords du Scamandre ; les fouilles de M. Schliemann ont prouvé l'existence d'une civilisation originale, où l'on chercherait en vain les traces d'une influence égyptienne ou assyrienne. »

Au sud de la Troade et de la Mysie, habitait tout un groupe de races indécises : *Méones, Lydiens, Léléges, Pélasges, Cares* et *Lyciens.* Les *Méones*, appelés plus tard *Lydiens*, exploitent les riches vallées de l'Hermos, du Caystre et du Méandre ; c'est à ce peuple que se rapportent les traditions de Tantale et de son empire sur les deux flancs du Sipylos.

Les *Léléges* apparaissent sur tous les points de la côte à la fois, mêlés aux souvenirs les plus lointains de la Grèce et de l'Asie-Mineure. À côté des Léléges, les *Cares*, mêlés de sang koushite, dominaient sur les côtes et les îles de la mer Egée.

Les *Pélasges* occupent la plaine basse de l'Hermus, la fertile *Larisse*, ainsi que quelques points de la plaine du Caystre.

Les *Lyciens*, resserrés au sud entre les Solymes et les Cares, s'étendaient dans l'intérieur jusqu'aux bords de l'Halys.

Toutes ces nations sont tellement mêlées à l'origine, qu'il est difficile, pour le moment du moins, de fixer les limites précises de leur domaine, et qu'on se voit souvent obligé d'appliquer à toutes, ce qui n'est affirmé que d'une seule. Essayons cependant de nous reconnaître dans cette obscurité, en traitant plus spécialement des peuples en rapport avec le Sipylos.

En général, la période qui nous occupe appartient à un âge de révolutions peu connues et de migrations de races fort compliquées. Des peuples divers, chassés par des invasions, ou poussés par l'esprit de conquête et d'aventure, viennent, de l'intérieur de ce continent ou du rivage opposé de la mer Egée, occuper les côtes occidentales de la péninsule anatolique. Ce flux et reflux de peuples qui dura sans doute des siècles, a laissé des traces confuses, mais bien reconnaissables,

dans les mythes et les souvenirs des derniers occupants, c'est-
à-dire des Hellènes.

Les *Méoniens* apparaissent les premiers, l'Etat gouverné
par leur roi Tantale était situé sur les deux revers du *Sipylos* ;
Sipylus-Tantalis, cette cité mythique, aïeule de Smyrne, suivant la croyance des Smyrnéens, était la capitale de ce royaume.
C'est de là que partit Pélops, fils de Tantale, pour aller établir
sa dynastie, de tragique mémoire, dans la presqu'île dont il
devint le héros éponyme.

Les Méoniens étaient une branche de la race phrygienne.
Un des rois de Phrygie, qu'une généalogie mythologique fait
époux de Dindyme et père de Cybèle, rappelle, par son nom
même de *Méon*, cette parenté des Phrygiens et des Méoniens.
Les auteurs anciens considèrent Tantale, Pélops et Niobé,
comme Phrygiens (Strab., XII, 8, 2). C'est abusivement que
les auteurs donnent à l'ancienne Méonie le nom de Lydie, en
parlant des temps antérieurs à l'invasion des Lydiens. C'est par
un semblable anachronisme qu'ils font déjà de Tantale un
prince lydien.

Une autre famille, non moins anciennement établie dans
les montagnes et les vallées du littoral de l'Asie-Mineure, est
celle des *Léléges*. Répandue sur les îles de la mer Egée, elle se
rendit redoutable par ses pirateries ; Minos y mit un terme en
la chassant de l'Archipel ; et c'est de là, si l'on en croit Hérodote, qu'elle aurait gagné le continent anatolique, et principa-
lement les côtes de la Carie, à laquelle elle doit ce nom de
Cares, sous lequel elle est souvent désignée par les anciens.
Un philologue allemand [1] a réfuté d'une manière convain-
cante l'opinion d'Hérodote, à laquelle il préfère le témoignage
des Léléges eux-mêmes que cite l'historien, et d'après lequel
ils auraient occupé de temps immémorial les régions maritimes de l'ouest de l'Asie-Mineure, avant d'émigrer en partie

_____

[1] DEIMLING, Die Leleger.

dans les îles voisines et dans les Cyclades. Ce changement de demeure s'explique avec assez de vraisemblance par les envahissements de la nation phrygienne qui, s'étendant de plus en plus, du nord et du centre, de l'Anatolie vers la mer, vint rompre sur plusieurs points la continuité des établissements des Léléges, et les força d'émigrer en partie.

La Grèce européenne eut aussi ses tribus de Léléges ; ces nombreux essaims, répandus dans la Béotie, l'Attique, la Laconie et même en Elide et en Etolie, prouvent la fécondité et la masse imposante de ce peuple, aux jours de sa prospérité et de sa puissance.

Il disparut cependant de bien bonne heure du sol de la Grèce et même de celui de l'Asie-Mineure, si l'on excepte quelques districts de la Carie ; pour les historiens grecs, il n'existait plus qu'en souvenir, s'étant confondu sans doute avec les Hellènes, devenus les maîtres de ces contrées.

Les Léléges, dont la valeur et l'ancien lustre furent mal appréciés par les auteurs grecs qui les jugeaient d'après ce qu'ils devinrent à leur déclin, n'étaient point originairement un ramas d'aventuriers de divers pays, comme ils le donnent à entendre, d'après une fausse interprétation de son nom de Léléges. M. G. Curtius pense que la racine du mot ne signifie pas rassembler ce qui était épars, mais choisir et recueillir dans un tout, ce qu'il y a de meilleur. Les Léléges se désignaient ainsi eux-mêmes, comme un peuple d'élite, comme une race choisie

Nous pouvons donc les considérer comme une tribu éminente ou privilégiée de la nation des Cares. Ils appartenaient à la grande famille grecque, dans son acception la plus étendue. Les éléments sémites qu'on a reconnus chez les Cares primitifs, s'expliquent aisément par d'étroites relations que ce peuple aura entretenues avec des tribus d'origine céphène, relations prouvées par son dialecte « barbare » et, ce qui est plus important, par le culte tout asiatique de la divinité féminine d'*Artémis* [1].

M. E. Curtius fait un pas de plus et observe fort judicieusement : « Les Grecs de l'Asie-Mineure ne furent pas désignés d'après les pays d'où ils sortaient, mais ils portaient des noms ethniques, comme en Orient, celui de *Javan*. Le nom le plus répandu était celui de *Léléges* : il y avait des Léléges en Lycie, à Milet, à Ephèse, à Smyrne, comme dans la Troade, c'est-à-dire sur toute la côte que nous avons reconnue être la patrie originaire des Grecs ioniens. Dans la Grèce occidentale, on trouve des traces du même nom, partout où les Grecs asiatiques ont pu s'établir et répandre leur civilisation, sur la côte de Messénie, de Laconie, d'Elide, ainsi qu'à Mégare, où l'on plaçait un *Lélex* comme héros à la tête de l'histoire du pays [2].

Le nom des *Pélasges* rappelle, sous ce rapport, celui des Léléges. Dans l'antiquité, comme de nos jours, il a aussi donné lieu aux suppositions les plus diverses, et peu de noms ont, à ce degré, occupé les savants. Une opinion fort accréditée aujourd'hui considère les Pélasges et les Hellènes comme un seul et unique peuple, comme une même famille sous deux noms différents. « En effet, dit M. E. Curtius, les Pélasges ne sont pas un peuple nomade et chasseur ; c'est une nation qui se livre à l'agriculture, se construit des demeures fixes, choisit les sommets des montagnes comme séjour de la divinité. L'Ida et l'Olympe sont consacrés aux divinités que les Grecs, aussi bien que les Pélasges, ont honorées comme dieux nationaux [3]. »

Quant à l'origine et à l'histoire de ce peuple, il règne une grande diversité d'opinions : nous dépasserions le cadre de cet ouvrage à n'en faire que l'énumération. Certes, il a laissé des traces incontestables dans l'histoire, et il est impossible de ré-

---

(1) A. CHERBULIEZ, Smyrne et l'orat. Aristide, p. 7 et 199.

(2) Griech. Gesch., I, 41.

(3) Gr. Gesch., I, 26.

voquer en doute son existence, mais tout fait croire que les
historiens, abusant de son nom, l'ont appliqué à une foule de
peuples d'origines diverses. Un savant anglais, après avoir
énuméré les principaux passages des auteurs anciens qui concernent les Pélasges, arrive aux conclusions suivantes : « The
Greek writers from Homer and Hesiod downward mention
Pelasgians ; but if we examine their statements we fin dthat the
term is used in two (perhaps three) senses : Firstly, as denoting
a certain Greek tribe which inhabitated Thessaly during the
heroïc age (Il., II, 681. and XVI, 233), and secondly as equiva-
lent to our own term prehistoric (Herod., I, 146; I, 56 ; II, 56).
Since the same name is also found in Mysia (Il, II, 840-3) it is
probable that it was a word of general meaning, like so many
of the names of early Greek ethnology, and accordingly applied to tribes of different origin and race..... In the oldest
passages of Homer where it occurs it is applied to Achaean
Greeks ; in later Greek literature it is merely synonymous of
prehistoric, while in modern times it has served as a watchword
of all kinds of obsolete theories and pre-scientific fancies [1]. »

M. E. Curtius résume ainsi ses considérations sur cette
question : « L'époque pélasgique est le fond, l'arrière-plan de
l'histoire ; c'est une vaste uniformité (ein grosses Einerlei), où
rien n'a une physionomie particulière. *Hellen* et ses fils appor-
tent la vie et le mouvement dans cette masse ; avec leur apparition commence l'histoire [2].

Il nous reste à dire quelques mots sur le dernier peuple
en rapport avec le Sipylus et l'ancienne Smyrne; ce sont les
Lydiens : Tantale n'est-il pas appelé roi de Lydie. Selon les
historiens les plus anciens, les Lydiens furent d'abord appelés
Maeoniens ; en effet, Homère ne paraît pas avoir connu le nom
de *Lydie*, et donne à ses habitants le nom de Maeoniens. La

---

[1] H. SAYCE, *Academy,* February, I, 1879, p 99.

[2] Gr. Gesch., I, 27.

tradition attribue le changement de nom à Lydos, fils d'*Atys*, le premier roi de la contrée. L'historien Josèphe donne aux Lydiens une origine sémitique, en les identifiant avec les enfants de Loud (Genèse, X, 22). D'autres écrivains rattachent l'établissement de la deuxième dynastie, celle des Héraclides, à une prétendue domination des premiers rois de Ninive sur l'Asie-Mineure [1].

On voit que la question reste ouverte; peut-être les fouilles de Karkémish et l'interprétation des hiéroglyphes hittites, jetteront-elles quelque lumière sur ce point encore obscur. Une solution complète de ces intéressantes questions d'histoire et d'ethnologie, ne pourra être atteinte que le jour où Sardes, l'antique capitale de la Lydie, aura livré ses secrets après des fouilles étendues et intelligentes.

D'après les traditions du pays, *Méon* ou *Manès*, fils de Zeus et de la terre, eut *Cotys*, de Callirrhoé fille de l'Océan. Cotys eut *Asios*, qui donne son nom à l'Asie, et *Atys*, qui fonda, en Lydie, la dynastie des *Atyades*. Atys eut deux fils, *Tyrsènos* ou *Tyrrhénos* et *Lydos*, selon les uns [2], *Torrhébos et Lydos*, selon les autres [3].

L'examen de cette généalogie, où sont compris tous les héros éponymes du pays, montre qu'il y eut d'abord, sur la côte ouest de l'Asie-Mineure, un grand peuple appelé *Méones*, formé de plusieurs tribus : les *Lydiens*, les *Tyrsènes* ou *Tyrrhènes* (Toursha), les *Torrhèbes*, les *Shardanes* [4]. Quelques-unes de ces tribus, attirées vers la mer, sans doute par l'attrait de la piraterie, finirent par quitter le pays et par aller chercher fortune au loin. « Aux jours d'Atys, fils (ou petit-fils) de

(1) MASPERO, Histoire anc. p 479.

(2) Hérodote, I, 94.

(3) XANTHOS DE LYDIE dans Denys d'Halycarnasse, Ant., rom. I, XXVIII.

(4) De *Sardos*, héros éponyme de la ville de Sardes (MASPERO., Hist. anc., p. 247).

Manès, il y eut une grande famine par toute la terre de Lydie..... Le roi se résolut à partager la nation par moitié et à faire tirer les deux portions au sort; les uns devaient rester au pays, les autres s'exiler. Aux émigrants, il assigna pour chef son fils *Tyrsênos*. Le tirage accompli, ceux qui devaient partir descendirent à Smyrne, construisirent des navires, y chargèrent tout ce qui pouvait leur être utile, et partirent à la recherche d'une terre hospitalière. Après avoir passé bien des peuples, ils parvinrent en Ombrie, où ils fondèrent des villes qu'ils habitent jusqu'à ce jour. Ils posèrent leur nom de Lydiens et, d'après le fils de roi qui leur avait servi de guide, se firent appeler *Tyrséniens* [1]. » Quelque douteuse que soit la valeur historique de ce passage d'Hérodote pour l'origine des Etrusques, il est impossible de ne pas y voir un écho des anciennes traditions du pays touchant les migrations de ces peuples, migrations qui ont été prouvées par les textes égyptiens, comme nous verrons plus loin.

Vers la fin du treizième siècle [2], les Atyades furent remplacés par les Héraclides, dont le fondateur, *Agron,* possède une généalogie plus mythique que sa personne. Il descendait d'Hercule et d'une esclave de Jardanos, par Alkaeos, Bêlos et Ninos. M. Maspero regarde cette généalogie comme l'invention d'un historien, désireux de rattacher les rois de Lydie aux héros les plus célèbres de la Grèce et de l'Orient.

L'histoire de la seconde dynastie est aussi peu connue que celle de la première. Agron eut pour successeurs vingt et un rois, dont les règnes réunis forment un total de cinq cents ans. Vers 700, les Héraclides furent renversés à leur tour : *Gygès*, fils de Daskylos, assassina le roi Candaule et s'empara

---

(1) HÉRODOTE, I, 94.

(2) 1229, d'après les indications d'Hérodote. Les monuments assyriens prouvent qu'il faut baisser cette date d'une vingtaine d'années au moins (Maspero).

de la royauté. Ce fut l'avénement de la troisième dynastie, celle des *Mermnades*, avec laquelle nous entrons dans les temps historiques.

Dans les pages qui précèdent, ce sont les auteurs anciens, grecs ou romains, qui ont été mis à contribution ; leurs données seraient certainement bien incomplètes en ce qui concerne l'histoire primitive de l'Asie-Mineure, si les monuments assyriens et égyptiens ne jetaient pas sur ce pays un jour tout nouveau. Les résultats obtenus jusqu'à présent sont une garantie de ce qu'on est en droit d'attendre ; quand Karkémish, et surtout Sardes, auront dit leur dernier mot, il sera peut-être possible de refaire l'histoire d'une contrée où il n'y a, le plus souvent, que légendes et contradictions.

C'est l'Egypte qui a fourni, jusqu'ici, le plus grand nombre de renseignements sur les populations du bassin de la mer Egée. Dès le dix-septième siècle, sous la dix-huitième dynastie, les décorations du tombeau de Bekhmara, à Thèbes, nous montrent les chefs des peuples des îles de la mer venant, avec les Phéniciens, offrir des présents à Thotmès III (M. Longpérier a remarqué que les formes et les ornements de ces vases, sont précisément ceux que les Grecs ont adoptés plus tard et qu'on a retrouvés dans les fouilles de Santorin et de Milo[1] Le même groupe d'hiéroglyphes qui, sur les monuments des Ptolémées, désignait les Grecs, et qu'on lisait « *Uïnim* » se retrouve aussi sur ceux de Thotmès III et IV[2].

Au quatorzième siècle, sous la dix-neuvième dynastie, les populations de l'Asie-Mineure sont fréquemment en guerre avec les Pharaons. La première attaque fut une tentative d'invasion contre le Delta. Les *Shardanes*, les *Tourshâ* (*Tyrsênes*) débarquèrent sur la côte d'Afrique et s'allièrent aux Lybiens.

---

[1] Jules SOURY. Revue des Deux-Mondes, 15 oct. 1873, p. 902.

[2] E. CURTIUS, Gr. Gesch, t. I, p 37 ; voir aussi MASPERO, *Hist. anc.*, l'hymne à Thotmès III, p. 206.

C'était vers la fin du règne de Séti I; son fils, *Ramsès II*, le Sésostris d'Hérodote, alors régent, les battit et incorpora les prisonniers dans la garde royale. Le reste retourna en Asie-Mineure, emportant un tel souvenir de sa défaite, que l'Egypte fut à l'abri de leurs incursions pendant près d'un siècle.

Vers la fin de l'an IV de Ramsès II, une nouvelle guerre éclata. Tous les peuples de la Syrie du Nord, les Khêtas ou Hittites, Karkémish, Kadesh, Arad, formèrent une coalition dans laquelle entrèrent les principaux peuples de l'extrémité occidentale de la Pénihsule. L'espoir de piller, sinon l'Egypte elle-même, du moins les provinces égyptiennes de la Syrie, décida *Ilion*, *Pêdasos*, les *Dardaniens*, les *Mysiens*, les *Lyciens*, à s'allier aux coalisés contre Sésostris, qui les défit à *Kadesh*.

Une nouvelle invasion, sous la conduite des Lybiens, eut lieu dès les premières années du règne de Ménephtah, fils et successeur de Ramsès II. On apprit soudain, à Thèbes, que les flottes de l'Archipel avaient débarqué, sur les côtes de la Lybie, des bandes de *Tyrsênes*, de *Shardanes* et de *Lyciens*, accompagnés d'auxiliaires jusqu'alors inconnus, les *Achéens* et les *Shakalash*.

Enfin, à la veille du treizième siècle, sous Ramsès III (20° dynastie), les peuples de l'Asie-Mineure et des îles de la Grèce, encouragés par le désordre où l'Egypte était plongée alors, se levèrent en masse et prirent le chemin du Delta. Les *Danaens*, les *Tyrséniens*, les *Shakalash*, les *Teucriens*, les *Lyciens*, les *Philisti*, entrèrent dans la confédération. Les uns, montés sur des navires, devaient attaquer les côtes ; les autres devaient traverser la Syrie entière et assaillir les forteresses de l'isthme. Malgré leur grand nombre et le secours des Khêtas, ils furent défaits, l'an VIII, par Ramsès III, qui imposa aux vaincus un tribut d'étoffes et de grains. Les peuples de l'Asie-Mineure étaient donc déjà des agriculteurs et d'habiles tisseurs aux treizième et quatorzième siècles, avant la thalassocratie chananéenne dans la Méditerranée. Quatre cents ans aupara-

vant, les peintures égyptiennes de l'époque de Thotmès III,
ont montré qu'ils n'étaient plus des sauvages depuis mille ans
au moins.

L'an XI, les Lybiens, aidés par des auxiliaires tyrséniens
et lyciens, envahirent pour la dernière fois le Delta, « pour en
labourer les vallées et les plaines, comme leur propre territoire. » Ramsès III leur infligea des pertes si considérables que
désormais ils se gardèrent de troubler la paix de l'Egypte.

Au neuvième siècle, le prophète Joël (III, 6), reprochant
à Tyr et à Sydon de vendre aux « fils des *Javanim* » les enfants
de Juda et de Jérusalem, confirme les rapports commerciaux
que les peintures de Thèbes attestent avoir existé entre les
Ioniens[1] et les Phéniciens.

En présence de ces données historiques sur le pays qui
nous occupe, on ne peut que répéter avec Mr J. Soury : « L'antiquité d'une civilisation âryenne chez les peuples qui, comme
les Ioniens de l'Asie-Mineure, ont été dans l'Occident les por-
teurs d'une culture supérieure, nous paraît de nature à modi-
fier les idées qu'on s'était faites jusqu'ici des premiers temps
de l'Hellade. »

A plusieurs reprises, dans le courant de ces pages, il a été
question des *Hittites* ou *Khêtas* ; le lecteur nous saura gré de
résumer ici les données que les recherches modernes ont
mises au jour sur ce peuple, et surtout sur l'existence d'un
empire hittite dans l'Asie occidentale, empire qui semble
avoir été complétement ignoré de l'antiquité classique.

Les *Hittites* sont mentionnés, pour la première fois, dans
la Genèse (XXIII, 3, sqq.), au temps des patriarches ; c'était
une petite tribu qui habitait les environs d'Hébron.

Dans le Livre des Rois, il est encore fait deux fois men-

---

(1) En grec *Iaônes* ; ancien perse, *Yaouna* ; indou, *Yavana* ; hébreu,
Iavan ; en égyptien, *Ouïnim* ; en arabe, persan et turc, *Yaounâni* ; en sy-
rien, *Yaounoïo* ; en arménien, *Yoïn*, *Youïn* ou *Houïn*.

tion de ce peuple : Salomon prélève une taxe sur les chevaux que les marchands israélites vont chercher en Egypte et vendre aux rois des Hittites ou Héthiens (I Rois, X, 29). Une autre fois, ils sont les rivaux dangereux des rois syriens (II Rois, VII, 6).

Telles étaient les notices énigmatiques qui existaient sur ce peuple. Les inscriptions assyriennes et égyptiennes ont éclairci la question et nous permettent de faire un tableau rapide de l'histoire de ce peuple qui était assez puissant pour tenir en échec, pendant des siècles, l'empire d'Assyrie, au nord, et celui de l'Egypte, au sud, et de porter les arts et la culture de l'Euphrate jusqu'au pont Euxin et à la mer Egée.

Les *Hittites,* appelés *Khêtas* par les Egyptiens, et *Khattis* par les Assyriens, apparaissent, pour la première fois, comme les « *Ouïnim* » ou Ioniens, sur les monuments de Thotmès III, vers le dix-septième siècle avant Jésus-Christ. Thotmès avait soumis la plus grande partie de l'Asie occidentale. Ninive et Babylone lui payaient tribut et les Hittites, qui occupaient le nord de la Syrie, faisaient partie de son empire.

D'abord longtemps cantonnés sur les croupes de l'Amanos, les Khêtas avaient longtemps subi l'ascendant des *Routen* et fait partie de la grande confédération commandée par ces peuples, vaincus en même temps qu'eux; ils avaient, comme eux, payé tribut à Thotmès III et à ses successeurs. Vers l'époque des rois hérétiques, ils s'affranchirent de la sujétion dans laquelle ils avaient vécu jusqu'alors. Leur suprématie s'étendit bientôt de *Kadesh* la « *Sainte* », sur l'Oronte, jusqu'à *Karkémish,* sur l'Euphrate, et le premier de leurs rois que l'on connaisse, *Sapalel,* attaqué par Ramsès I, força ce prince à le traiter d'égal à égal. Dès la seconde année de son règne, Séti I le rencontra à la tête d'une grande confédération de tribus cananéennes et syriennes. La lutte se prolongea plusieurs années. De guerre lasse, Séti traita avec le roi *Motour* (Motener), et conclut une alliance offensive et défensive qui dura jusqu'à sa mort. Ramsès II, son fils, dont l'avénement peut se placer vers l'an 1400 avant J.-C., fut attaqué, l'an IV de son règne, par une confédération encore plus grande de peuples asiatiques qui, tous, reconnaissaient la suprématie des princes hittites de Karkémish et de Kadesh. Le monarque hittite avait réuni, sous sa bannière, les tribus de la Mésopotamie, de l'Arménie occidentale et de l'Asie-Mineure, comme nous avons vu plus haut (p. 83). La bataille se livra sous les murs de Kadesh, et le récit nous en a été conservé par le poète de cour *Pentaour*. La paix ne fut signée que l'an XXI de Ramsès II. La minute de ce traité avait été rédigée primitivement dans la langue des Khêtas ; elle était gravée sur une lame d'argent. Egalité et réciprocité parfaites entre les deux peuples, alliance offensive et défensive, extradition des criminels et des transfuges, telles sont les principales conditions de ce traité, qu'on peut considérer, jusqu'à présent, comme le monument le plus ancien de la science diplomatique [1].

Ce traité resta en vigueur pendant près d'un siècle. Ramsès III (environ 1280 avant J.-C.), marcha contre les Khêtas, qui avaient recommencé les hostilités ; il conduisit les Egyptiens à Karkémish et retourna dans son pays, chargé des dépouilles des villes hittites. De ce moment, les Khêtas n'apparaissent plus si formidables comme autrefois. Refoulés vers le nord par les royaumes naissants de Syrie, ils durent chercher une compensation par des conquêtes dans le nord et vers l'ouest. Malheureusement pour eux, ils auront affaire à un peuple bien plus agressif que les Egyptiens ; en effet, les Assyriens avaient une tout autre politique, quant à leurs conquêtes, que les Pharaons ; là, où les rois d'Egypte se contentaient d'exiger un tribut annuel, ceux d'Assyrie réduisaient tout en provinces soumises à leur pouvoir immédiat. Cependant, du temps de *Touklat-Habal-Asar I* (Tiglat-Piléser)

---

(1) MASPERO, *Hist. anc.*, p. 222.

(1130 avant J.-C.), les Khètas étaient toujours les premiers entre l'Euphrate et le Liban. Les Colchidiens, et les Urumiens qui habitaient la Cappadoce, étaient tributaires du roi de Karkémish et lui fournissaient des troupes, dont quatre mille furent défaits par l'envahisseur assyrien.

Mais, dès ce moment, le pouvoir des Hittites marcha vers son déclin. Au neuvième siècle, leur puissance fut détruite par les rois d'Assyrie, *Assour-Natsirpal* (883-858) et son fils, *Salmaneser II* (858-823). Karkémish dut payer un immense tribut en or, en bronze, en plomb, en pierres précieuses et en étoffes. Enfin, un siècle plus tard, son dernier roi, *Pirisis*, fut vaincu par *Sargon* (717 avant J.-C.), et Karkémish devint la résidence d'un gouverneur assyrien. Tout en perdant son importance politique, l'ancienne capitale de l'empire des Hittites resta encore, pendant des siècles, l'entrepôt d'un commerce étendu entre la mer et la Mésopotamie.

L'emplacement de Karkémish a été longtemps débattu[1]. C'est à MM. Skene, ancien consul anglais à Alep et à G. Smith, de regrettée mémoire, qu'en est due la découverte. Sur la rive droite de l'Euphrate, entre les villages de Sadjour et de Birédjik, s'élève une colline de terre couverte de ruines très-étendues et dominant le gué de l'Euphrate, que fréquentent encore aujourd'hui les caravanes. Ces ruines, appelées *Djérabis*, appartiennent à différentes époques. Les dernières en date sont une fondation macédonienne, *Europus* (Djérabis est la prononciation arabe du grec Εὐρωπος), ville qui a joué un rôle sous les empereurs byzantins, comme place de frontière de l'empire romain contre les Perses et les Arabes. Mais les fouilles de M. Hendersen, consul anglais d'Alep, ont démontré que la

---

(1) *Circésium* jouit longtemps de cet honneur; M. MASPERO proposa *Mumbidji*, l'ancienne *Bambyce*, à l'est d'Alep; voir aussi E. SCHRADER, *Keilinschriften u. Geschichtsforschung*, p. 221 et suiv.

cité grecque s'élevait sur les ruines d'une autre ville bien plus ancienne, sur celle de Karkémish elle-même [1].

La découverte de Karkémish et la résurrection de l'empire hittite, ont amené des résultats importants et inattendus sur l'histoire de l'écriture et de la civilisation de l'Occident. Karkémish était un centre d'où les arts, la religion et la civilisation de l'est, ont été portés à travers l'Asie-Mineure, à la mer Egée et, de là, en Grèce. Ses habitants pouvaient, en outre, se vanter d'appartenir à une race qui a inventé un système d'écriture ; ils employaient, à cet effet, des caractères hiéroglyphiques. Ce trait littéraire des Hittites était connu par les monuments égyptiens qui font mention d'un certain « écrivain des livres de la vile Khèta. » La capitale de la tribu hittite qui demeurait à l'ouest d'Hébron, ne s'appelait-elle pas aussi *Kirjath-Sepher*, c'est-à-dire « la ville des livres. »

A quelle race appartenait ce peuple remarquable? Quelle langue parlait-il? Autant de questions qui restent encore sans réponse. Les hiéroglyphes trouvés jusqu'à présent ne permettent pas encore une lecture certaine; lorque les fouilles auront amené de nouvelles découvertes d'inscriptions et rendu possible leur déchiffrement, il sera certainement d'un haut intérêt de lire une nouvelle page des annales du passé et d'apprendre « que cet Empire, dans la plus haute antiquité, était d'une importance au sujet de laquelle nous ne pouvons faire, à présent, que des hypothèses. »

---

(1) *Gazette de Cologne*, 2 janv. 1880, et « *Times weekly edition,* » 30 janv. 1880.

V

Considérations sur Tantale et son Empire.

Les anciens attachaient une haute importance historique et religieuse à la montagne qui fut, en quelque sorte, le berceau de la ville de Smyrne. A leurs yeux, comme nous avons vu plus haut, les dieux eux-mêmes y fréquentaient les mortels, c'est-à-dire que son histoire remonte aux siècles les plus reculés et que le Sipylos était le siége d'un empire célèbre par ses richesses et sa puissance. La civilisation y atteignit un degré de perfection relative fort remarquable, comme le prouvent les monuments répandus sur ses flancs. D'un autre côté, le sort de Tantale et de ses enfants est devenu à tout jamais le symbole de l'instabilité des choses d'ici-bas. A ce point de vue, c'est peut-être le mythe le plus profond et le mieux pensé de la félicité et de la présomption humaines, suivies de la ruine la plus complète. Il pourrait se passer partout, en tout temps et en tout pays ; de prime abord, il apparaît sans fond historique ; mais le parallèle profond et constant avec des phénomènes naturels d'un caractère purement local, ainsi que certains traits des héros, prouvent d'antiques souvenirs historiques.

« Dans les temps préhistoriques, il existait sur les flancs du Sipylos et s'étendait, de la vallée de l'Hermus jusqu'au golfe de Smyrne, un État puissant, au milieu d'une population apparentée aux Grecs, et répandue sur toute la côte de l'Asie-Mineure. La fécondité du sol, surtout celle des alluvions des fleuves, une agriculture florissante, une culture variée, des arbres importés de l'intérieur de l'Asie, surtout de la vigne, l'élève du bétail et des chevaux, le travail des mines, des con-

12

naissances dans l'art nautique, tout se réunit pour assurer à ce royaume de l'éclat et de l'influence. Beaucoup de branches d'industrie, telles que la teinture, le tissage, l'art de travailler l'ivoire, les métaux précieux, étaient connues ici bien plus tôt qu'en Grèce.

« Cet Etat disparaît, se brise; impossible de savoir si ce fut par une seule catastrophe ou par des coups répétés. Mais l'on ne saurait méconnaître le transfert de cette puissance en Grèce et tout particulièrement dans le Péloponnèse. L'émigration des familles princières est accompagnée de celle des richesses, de l'industrie, des cultes, des motifs d'architecture, jusqu'à de nouveaux points de vue dans la vie politique.

« Deux facteurs ont concouru à la destruction de cet empire du Sipyle : ce sont de grands phénomènes physiques et d'importants mouvements historiques des peuples. Les bouleversements de la montagne trouvent leur raison d'être dans la formation géologique du sol; il en a été question plus haut.

« Les faits historiques sont, d'un côté, l'élément sémitique qui pénètre dans l'Asie, l'invasion d'une dynastie assyrienne dans la vallée supérieure de l'Hermus, qui fonde, à Sardes, un nouveau centre d'un caractère tout différent ; de l'autre, l'hégémonie de l'Etat troyen, qui s'étend juqu'au-delà de la vallée de l'Hermus et dans lequel les influences, spécialement asiatiques, sont beaucoup plus fortes que dans l'Etat de Tantale. Il est question de guerre entre Ilus et Tantale, d'une *défaite complète* des Tantalides, et, par suite, de l'émigration de Pélops. Dans Homère, les Méones de la vallée de l'Hermus, comme les Pélasges des côtes, sont les vassaux des Troyens.

« Comme preuves visibles de cet ancien royaume de Tantale, on citait, dans l'antiquité même, différents monuments; Pausanias dit qu'il y avait, au Sipyle, le tombeau remarquable de Tantale, qui était donc, comme un ancien héros du pays, solennellement enterré dans sa patrie et honoré d'un tumulus. On se montrait un trône de Pélops, sur le sommet de la montagne, au-dessus du hiéron de la *Mère de Plakia*, et d'où l'on dominait, des deux côtés des monts, toute la contrée ; ces trônes de rois sont cités souvent dans l'antiquité hellénique. On tenait en haute vénération d'antiques images de la Mère des dieux et d'Aphrodite, en bois de myrte, fondées par les fils de Tantale. On contemplait attentivement le lac de ce roi et l'image vénérable de Niobé en pleurs, qui, de près, ne paraissait qu'un jeu de la nature, un rocher détaché [1]. »

Telles sont les réflexions dont un savant archéologue allemand accompagne la description des ruines de l'ancienne Smyrne ; il ne nous reste qu'à développer certaines d'entre elles, et à tirer les conséquences de quelques autres.

S'il est impossible de nier l'existence d'un empire sur le Sipylos, il n'en est pas de même de celle de Tantale lui-même. Tout se réunit, en effet, pour faire de ce nom un type figuré, la personnification mythique de toute une dynastie. L'imagination populaire s'est donné libre carrière pour orner son héros de qualités et de défauts, de succès et de revers qui, dans la réalité, ont dû se répartir sur une longue suite de rois. Certes, il faut des périodes plus longues que celle de la vie d'un homme, pour fonder un empire, des villes, en porter la puissance à l'apogée, périr tragiquement par un jugement des dieux, et laisser de tous ces faits des souvenirs si tenaces, qu'ils forment les plus anciennes traditions du pays. Nous ne rappelons que pour mémoire, les jeux de mots et les expressions proverbiales auxquels le nom de Tantale a donné lieu chez les anciens.

De même, si Pélops est appelé fils de Tantale par quelques historiens, ce n'est là qu'une manière de parler fort commode, pour passer par-dessus les difficultés historiques ; certes, l'existence personnelle de ce héros est beaucoup plus certaine que celle de son père putatif ; nous ne citerons que les tradi-

---

(1) B. STARK, Nach dem griech. Orient, p. 231 sqq.

tions du Péloponnèse [1]; mais tout ce qu'il est possible d'affirmer, au moins jusqu'à présent, c'est qu'il était le dernier roi de cette dynastie et que, par suite de quelque invasion étrangère, il fut forcé d'émigrer avec son peuple, ou une partie du moins. Au reste, ni Homère, ni Thucydide ne font Pélops fils de Tantale ; l'historien grec se contente de le faire venir de Phrygie.

Après ces considérations, il est presque inutile d'ajouter que la date de la mort de Tantale — 1410 avant Jésus-Christ — n'a aucune valeur historique. En effet, elle repose entièrement sur l'hypothèse que ce personnage mythique est l'aïeul direct des Atrides, par Pélops; or, nous avons vu combien cette supposition est précaire. Au reste, cette date, beaucoup trop basse, donne lieu à d'autres difficultés chronologiques [2], sans compter qu'elle est en contradiction avec celles fournies par les inscriptions hiéroglyphiques.

En fait de chronologie, tout ce qu'il est possible de se demander, c'est l'époque où cet empire du Sipylos a prospéré, et celle où il a pris fin.

Nous avons vu plus haut que les Phrygiens pouvaient être considérés comme le plus ancien peuple aryen de l'Asie-Mineure, celui qui y fonda le premier empire régulier. Bientôt, des tribus entreprenantes se détachèrent du centre et formèrent, autour de ce noyau, une série d'Etats nouveaux. Les Méones s'établissent dans les vallées de l'Hermus et du Caystre ; c'est à ce peuple que se rapportent les traditions de Tantale et de son empire. Cette filiation explique seule, dans les auteurs anciens, la différence de dénomination donnée à ce prince; en effet, il est, à la fois, roi de Phrygie, de Méonie et de Lydie. On sait que les Méones reçurent plus tard le nom de Lydiens; Homère ne connaît pas ce dernier nom,

---

(1) Et. de Byzance, v. *Thyatira*, rapporte aussi que l'ancien nom de cette ville était *Pélopie*.

(2) B. Slaars, *Etude sur Smyrne*, p. 87.

au moins ne l'emploie-t-il jamais. Il s'ensuit que l'empire de Tantale est antérieur à celui des *Atyades*.

On a fixé la date de l'avénement de la première dynastie en Lydie, à l'an 1579 avant J.-C.; celle de la seconde est, d'après Hérodote, — 1229 — (d'après les inscriptions cunéiformes, — 1210). Cette durée de trois cent cinquante ans n'a rien d'improbable en présence de celle des *Héraclides* qui s'étendit de 1210 à 700 [1]; elle trouve de nouvelles preuves à l'appui dans les données égyptiennes sur les peuples de ces contrées.

Au quatorzième siècle, sous le règne de Séti I, les *Shardanes* et les *Tourshâ* (*Tyrsênes*), firent une invasion en Egypte, de concert avec les Lybiens. Dès cette époque, jusqu'au siècle suivant, les peuples de l'Asie-Mineure ne cessent de profiter de toutes les occasions pour attaquer l'empire des Pharaons ; tantôt avec les Lybiens, tantôt avec les Khêtas, ils sont toujours prêts à marcher contre l'Egypte.

Ces expéditions répétées qui, souvent, sont des émigrations (comme celle citée plus haut par Hérodote), prouvent que ces nations étaient parvenues à un certain degré de culture et surtout d'excès de population qui les poussait à se répandre au dehors. M. Maspero dit : Quoi qu'en dise Hérodote, ces migrations ne se firent pas dans une seule direction ; elles se prolongèrent, pendant près de deux siècles, du temps de Séti I, au temps de Ramsès III, et portèrent sur les régions les plus diverses.

On trouve les Pélasges tyrrhéniens à Imbros, à Lemnos, à Samothrace et dans la péninsule de Chalcis, sur les côtes et dans les îles de la Propontis, à Cythère et à la pointe méridionale de la Laconie [2].

Les *Shardanes* et les *Tourshâ* sont les deux peuples qui

---

(1) MASPERO, *Hist. anc.*, p. 481.

(2) MASPERO, *Hist. anc.*, p. 250.

nous intéressent le plus ; ils habitaient les vallées de l'Hermus
et du Caystre et composaient le royaume de Lydie proprement
dit, celui de la première dynastie. Ces migrations partielles de
la population semblent prouver une assez longue existence de
la dynastie des Atyades, de sorte que la date de 1579 n'aurait
rien d'exagéré. En même temps, il est permis d'en déduire que
l'empire du Sipyle n'existait plus à cette époque ; car les Shardanes et les Tourshâ, pour leurs expéditions maritimes, doivent forcément s'embarquer à Navlochon, l'ancienne Smyrne ;
cette ville a donc été soumise par eux, ainsi que tout le
royaume de Tantale. Il s'en suit que les Tantalides, au lieu
d'être les contemporains des Atyades, ont été, au contraire,
leurs prédécesseurs. Il est impossible jusqu'ici, de préciser
davantage les dates de l'origine, de la puissance et de la chute
de cet empire du Sipyle ; en tous cas, faut-il le faire remonter
plus haut qu'on ne le fait généralement.

Quant aux causes de cette destruction, B. Stark en a
indiqué plus haut les éléments essentiels ; il est possible que
bientôt l'historien consciencieux devra tenir compte de nouveaux faits bien remarquables concernant l'histoire des peuples
de l'Asie-Mineure, faits encore imparfaitement révélés, puisqu'on ne les doit qu'à des recherches qui n'ont pas dit leur
dernier mot, mais qui promettent déjà une abondante moisson.
Les fouilles de Karkémish et l'interprétation des hiéroglyphes
hittites jetteront, sans nul doute, un grand jour sur bien des
points obscurs de l'histoire de la presqu'île anatolique.

Ce qui est aujourd'hui acquis à la science, c'est que les
trois grandes races historiques, les Touraniens, les Sémites
et les Aryens se sont rencontrés en Asie-Mineure ; c'est dans
les plaines de l'Hermus et du Méandre, dans les deux péninsules de la Troade et de la Lycie qu'a eu lieu le contact fécond
du génie sémitique et du génie âryen. « Tandis qu'une partie
de la grande migration âryenne vers l'Occident s'était arrêtée
sur les hauts plateaux où fut la Phrygie, une seconde partie,

traversant l'Hellespont et la Propontide, avait pénétré dans
les vallées et dans les montagnes de la Thrace et de la Macé-
doine, d'où elle descendit plus tard vers le sud, dans la presqu'île hellénique, sous les noms d'Eoliens, d'Achéens et de
Doriens. Une troisième partie de la famille âryenne s'avança,
peu à peu, des hautes régions de l'Asie-Mineure, vers les côtes,
en suivant le cours des fleuves ; c'est la famille des *Grecs
d'Orient* ou *Ioniens* ; en regard des *Grecs d'Occident* ou *Hellènes*, ils ont un art, une culture particulière. Ils ne restèrent
pas moins distincts des peuples de l'intérieur de la péninsule.

« De très-bonne heure, les Ioniens écumèrent la Méditerranée en hardis pirates, de concert avec les Phéniciens, et ils
fondèrent, sur le continent, des établissements beaucoup plus
considérables que ceux-ci. Par le commerce et par la conquête,
les Ioniens ont plus contribué peut-être que les Phéniciens à
la civilisation de leurs frères d'Europe, les Hellènes. Comme
l'a remarqué M. E. Renan, il semble bien que « le nom des
Phéniciens couvrit en réalité des migrations de peuplades
ioniennes vers l'Occident. » En tous cas, on sait quelle haute
antiquité le témoignage des monuments assure aux Pélasges
des îles et des côtes de l'Asie-Mineure.

« Aux époques historiques, quand après l'invasion dorienne,
les peuples de la Grèce occidentale émigrèrent en Asie, ce
ne furent donc point des « barbares » qu'ils rencontrèrent sur
les rives et dans les îles de la mer Egée. Partout les nouveaux
colons retrouvèrent une Grèce véritable. Plus d'un Ionien
rentra, sans le savoir, dans son ancienne patrie. La guerre de
Troie, chantée par les Ioniens, fut une lutte entre peuples de
même famille, entre Achéens et Dardaniens. Les rapsodes
homériques parlent-ils jamais d'Hellènes et de barbares ?
Comme l'a très-bien vu Thucydide, Homère n'a pas fait cette
distinction [1]. »

---

(1) J. SOURY, Revue des Deux-Mondes, l'*Asie-Mineure*, 15 oct. 1873,
p. 902.

« De ces considérations d'histoire et d'ethnologie anciennes, il résulte qu'il faut abaisser cette haute barrière que les humanistes d'autrefois aimaient à dresser entre Hellènes et Barbares ; cette frontière fictive s'efface et s'évanouit. Est-ce à dire que l'hellénisme y perd quelque chose de son originalité, de sa beauté sans rivale ? Non, certes, nous n'en concevons qu'une plus haute idée de l'activité créatrice du génie hellénique, lorsque nous voyons ce qu'il a su faire d'éléments sans forme, que l'Orient ne savait exprimer que par une accumulation de symboles (1). »

A ce point de vue, il est hors de doute que l'empire du Sipylos a joué un rôle important d'intermédiaire entre les peuples de l'intérieur et ceux des deux rives de la mer Egée ; les mythes et les traditions, comme nous avons vu plus haut, établissent, pour ainsi dire, jusqu'à l'évidence, ces rapports intimes entre l'Asie-Mineure et la Grèce proprement dite. Au reste, ce n'est qu'à cette condition qu'on pourra s'expliquer le développement si rapide et si heureux de la force et de la consistance politique des colonies grecques, sur ces côtes si favorisées de la nature.

(2) G. PERROT, Revue des Deux-Mondes, l'Ile de Cypre, 15 mai 1879.

VI

L'Amazone Smyrna.

Un des traits les plus intéressants des origines de Smyrne, c'est la tradition qui attribue sa fondation à une Amazone.

Nous avons vu plus haut (p. 64), que les peuples antiques de l'Asie-Mineure adoraient, sous le nom de *Mâ*, d'*Anaïtis*, de *Cybèle* ou d'*Artémis*, une grande divinité du sexe féminin, dont le culte, de nature orgiastique et barbare, inspirait la terreur.

Une religion, tellement semblable à celles de Ninive ou de Babylone, ne pouvait manquer d'avoir également ses colléges de prêtresses, et, en effet, Artémis, la déesse lélége, avait ses nombreuses corporations d'hiérodules armées et célébrant sa puissance par des rites sauvages et des danses guerrières. Ces hiérodules d'Artémis sont devenues célèbres dans la fable et la poésie, sous le nom d'*Amazones*. Leur nom, dont le vrai sens est celui de *mamelues*, vient de ce qu'elles conformaient leur extérieur et leur costume à celui de leur déesse, considérée comme principe de fécondité.

Les contrées où se propagea primitivement cette hiérodulie avec le culte qu'elle desservait, se trouvent être les mêmes que nous avons vues occupées par les Léléges, c'est-à-dire les côtes occidentales de l'Asie-Mineure. Lorsque la poésie et l'histoire les ont reléguées au nord de cette péninsule, dans le voisinage de la mer Noire, sur les bords du Thermodon ou à Thémiscyre, ou, plus loin encore, dans les steppes de la Scythie, on avait entièrement perdu de vue le véritable caractère aussi bien que la véritable patrie de ce sacerdoce féminin, et on les confondait avec les femmes guerrières des hordes scytiques et cimmériennes. La tradition authentique n'était pourtant pas tombée dans un oubli absolu, et elle fournit les moyens de démêler un fond de vérité dans les légendes consacrées qui

13

représentent les Amazones envahissant l'Attique et livrant bataille, dans sa ville même, à Thésée, ce héros législateur d'Athènes. Ces fables, comme tant d'autres, déguisent, sous le voile brillant du merveilleux, des faits qui appartiennent à l'histoire primitive de la civilisation. Les Léléges, cantonnés d'abord sur les rivages de l'Attique, poussaient leurs invasions dans l'intérieur, y portant avec eux les rites et le sacerdoce de leur farouche divinité ; il s'agit ici d'un antagonisme entre religions opposées ; les cultes des Léléges et ceux des Pélasges se disputaient le terrain ; l'esprit d'humanité et de progrès du peuple athénien, personnifié dans son héros, remporta la victoire [1].

Reportons, à présent, nos regards du côté de l'Orient, vers les rivages et les golfes de l'Asie-Mineure ; c'est là que des cités renommées, *Ephèse*, *Smyrne*, *Cymé*, *Myrina*, font remonter leur origine à des Amazones et, par conséquent, au peuple dont elles étaient les prêtresses, celui des Cares ou Léléges.

Bien des siècles peut-être avant l'arrivée des colonies grecques, ce peuple, s'avançant du midi au nord le long de la mer Egée, vient occuper une partie de la Lydie et de la Mysie ; il y répand son culte, sa civilisation ; les sanctuaires qu'il élève deviennent des centres naturels d'agglomération et forment peu à peu des villes. Voilà l'origine d'Ephèse et, d'abord, de son temple de Diane si fameux, dans la suite, par sa magnificence. Avant de devenir la grande ruche ionienne, la cité des abeilles, Ephèse est le foyer d'une religion asiatique, d'une civilisation sacerdotale, et c'est de là que les Léléges et les Amazones, continuant leur marche vers le Nord, arrivent aux bords du golfe où ils fonderont Smyrne. On ne peut guère douter du point de départ de cette colonie et, par conséquent, de la première origine de cette cité, quand on lit dans Strabon

_____

(1) E. GUHL, Ephesiaca, p. 132; n. 21, 22, 23.

qu'Ephèse avait porté elle-même ce nom hiératique de Smyrne,
en l'honneur d'une Amazone, sa fondatrice, et que, du temps
où vivait cet auteur, c'est-à-dire vers la fin du principat d'Au-
guste, ce même nom désignait encore un des quartiers de la
ville, situé près du Gymnase. N'était-il point une des épithètes
consacrées sous lesquelles on invoquait la déesse, épithète qui
aurait passé, comme dénomination honorifique à son archiprê-
tresse? Smyrne, sous Tibère, disputant à Sardes le privilége
de consacrer un temple à cet empereur, faisait valoir sa fondation par une Amazone parmi ses preuves d'ancienneté[1].

Pline (V, 31), Tacite (VI, 56), Ael. Aristide (I, 425, 431,
436), Etienne de Byzance, rapportent comme à l'envi cette
fondation. Les médailles d'un grand nombre de cités asiatiques
représentent la figure de ces héroïnes, mais notamment celles
de Smyrne, où un temple magnifique était consacré à l'une
d'elles [2]. La plupart des archéologues ont cru voir la repré-
sentation de cette fondatrice de Smyrne, dans un buste colossal
qui se trouvait dans une niche à droite d'une des portes du
château, sur le Pagus [3].

De tout ce qui précède, on est porté à tirer les inductions
suivantes : Après la destruction de l'empire de Tantale sur le
Sipylos et le départ de Pélops pour la Grèce, l'élément lélége
devient prédominant dans l'ancienne Navlochon ; le nouveau
culte l'emporte sur celui de Cybèle. Ephèse, la métropole,
fournit, sans nul doute, la prêtresse du nom de *Smyrna*,
comme, bien des siècles plus tard, elle en donnera une aux
Phocéens qui iront fonder Marseille. L'ancien nom est né-
gligé et celui de la prêtresse d'Artémis, de l'Amazone, sera
dorénavant celui de la ville fondée par Tantale. Ce n'est donc
réellement qu'une substitution de nom, et non une nou-

---

(1) A. CHERBULIEZ, Ville de Smyrne, etc. p. 11.
(2) A. MAURY, Hist. des Religions, III, p. 178.
(3) TOURNEFORT, Voyage du Levant, t. II, p. 504.

velle fondation, car la ville reste toujours la même, avec son acropole sur le sommet de la montagne et le port de Tantale à ses pieds. Ne serait-il pas permis d'attribuer les tumulus de la Nécropole à cette domination des Leléges? Du temps de Pausanias, les traditions des Amazones étaient complétement faussées; le grand périégète ne rapporte donc que celles qui concernent Tantale et sa famille. Toute cette manière de voir peut être justifiée par plus d'un trait de la nouvelle colonisation de Smyrne par les tribus helléniques.

B. -- TEMPS HISTORIQUES

Fondation de la Smyrne hellénique.
Emplacement. — Mélès.
Guerres contre les Lydiens.

Les temps qui précédèrent la fondation des colonies grecques en Asie-Mineure, furent très-agités ; des deux côtés de la mer Egée, il y eut de grands bouleversements, des déplacements considérables : des empires s'écroulent, d'autres se fondent. Pour le monde hellénique, c'est l'histoire qui commence. La tradition la plus complète de cette révolution, l'événement qui laissa les plus longs souvenirs dans la mémoire des hommes et exerça, sur l'art et la poésie, la plus durable influence, fut la guerre de Troie que le génie d'Homère immortalisa dans son Iliade.

Quatre-vingts ans après la prise d'Ilion, l'invasion du Péloponnèse par les Doriens, met tout en mouvement dans la Grèce européenne ; l'âge de la colonisation est arrivé pour les Hellènes ; la terre Anatolique les appelle dans son sein fécond. Les *Eoliens*, les premiers (1124), ont occupé les régions situées au nord-ouest de la péninsule. Les *Ioniens*, à leur tour (1044), s'emparent des provinces plus éloignées des souffles glacés de la Thrace, moins estimées que la terre mysienne pour les qualités du sol, mais justement célèbres par la douceur et la beauté de leur climat.

Sur toute l'étendue de ces territoires, les Eoliens, aussi bien que les Ioniens, trouvèrent établies les populations cares ou léléges, et, pour les colons grecs, la prise de possession de cette nouvelle patrie ne s'accomplit pas partout sans efforts, sans combats. Ces guerres sont mentionnées par Strabon et Pausanias ; mais ce serait une erreur de croire que les vaincus aient été entièrement détruits ou forcés de s'établir ailleurs. Ils se soumirent, en partie, aux vainqueurs et finirent par s'assimiler avec eux ; comment s'expliquer autrement que l'émigration grecque, dont il ne faut pas s'exagérer la grandeur numérique, ait réussi à créer une Grèce nouvelle sur ces rivages du Levant. « La culture des Hellènes asiatiques présente un problème inexplicable, à moins d'admettre que sur les côtes de l'Asie-Mineure, avant qu'ils y vinssent fixer leur séjour, il existait déjà des races liées de parenté avec eux, et que c'est par cette raison que les anciens et les nouveaux habitants finirent par s'unir, avec tant de facilité et de succès, en un seul corps de nation. »

La ville de Smyrne fut donc conquise, par les Eoliens, sur ses anciens habitants. De lélége qu'elle était, ils la firent grecque au sens étroit de ce mot. Aussi, parmi les prétendants à l'honneur de sa fondation, les Eoliens tiennent-ils le second rang et les Ioniens sont relégués au troisième, malgré les titres qu'ils faisaient valoir et que nous apprécierons tout-à-l'heure. Il suffit de jeter un coup d'œil sur la carte de l'Anatolie, pour comprendre que les Eoliens, dont les colonies avaient formé, pour ainsi dire, l'avant-garde de l'émigration grecque, en Asie, et pris pied dans la Mysie et la Troade, près d'un siècle avant que les Ioniens n'en fissent autant en Lydie, purent s'étendre vers le midi sans rencontrer de rivaux, et eurent tout le loisir de porter leurs conquêtes jusqu'à l'Hermos, de traverser ce fleuve et les monts qui le bordent, et d'aller asseoir leur domination sur les régions qui entourent le golfe. Ils s'emparèrent alors de la bourgade lélége, lui donnèrent sa première population de race hellénique, et l'on peut croire que bientôt ils l'agrandirent, la rendirent florissante et la rangèrent au nombre de leurs douze cités. Dans les idées et le langage de l'antiquité et de ses colonies, c'était en être les vrais fondateurs.

L'emplacement de cette ville hellénique sera facile à déterminer ; d'après les données des anciens, elle fut conquise sur les Léléges et était située à « *vingt stades environ* (Strabon, XIV, 1, 4) » de la ville d'Alexandre. Ces deux indications nous conduisent forcément à Hadji-Moudjo ; en effet, sur tout le parcours du golfe de Smyrne, c'est le seul endroit qui ait conservé des traces de ruines antiques et qui présente les caractères d'un centre d'habitation quelconque. Les « vingt stades environ, » comptés, non du Pagus, mais de l'extrémité septentrionale de la ville, au temps de Strabon, tombent aussi aux environs de la même ferme, c'est-à-dire sur l'emplacement de l'antique Navlochon (C, sur la carte). C'est de cette ville que les Eoliens chassent les Léléges et fondent leur nouvelle colonie, un peu plus vers l'Est, en conservant toujours le même port, comblé aujourd'hui par les alluvions de la petite rivière[1], au sud de la colline C. La découverte de l'acropole E, met fin à tous les débats sur cette question si controversée et donne raison à tous ceux qui placent l'ancienne Smyrne entre Hadji-Moudjo et Bournabat [2].

Mais contre cette conclusion, il s'élève une difficulté; l'ancienne Smyrne était située tout près du Mélès. C'est là un fait sur lequel les auteurs sont unanimes. Or, le torrent qui porte actuellement ce nom classique, a son cours dans une tout autre partie du pays, sur le rivage opposé du golfe. La difficulté est pourtant moins grave qu'elle ne paraît au premier coup d'œil; les Smyrnéens, en allant rebâtir leur ville au pied du Pagus, apportèrent, dans cette nouvelle demeure, leurs traditions locales, et se complurent à en rattacher les souvenirs aux lieux et aux sites qui maintenant les entouraient. Le culte divin qu'ils continuaient à rendre à leur poète, fils de leur fleuve

---

(1) Ne pas confondre cette rivière avec celle de Bournabat, qu'on a identifiée avec le Mélès d'Homère.

(2) Voir M. TSAKIROGLOU, Smyrnaïca, II, 30.

sacré, et, comme tel, vénéré sous l'épithète de *Mélésigène*, favorisa ces imaginations populaires et le ruisseau, au bord duquel s'élevait sans doute l'Homérion, ne pouvait être que le Mélès. De là, cette homonymie qui n'est pas insolite chez les anciens; les peuples, en se déplaçant, aiment à replacer autour d'eux les fleuves et les monts qui leur parlent de leur passé. Nous sommes donc libres de retourner aux plus vieilles traditions et d'aller chercher à la distance imposée par Strabon, près du Sipyle, le cours d'eau qu'elles célèbrent. Or, la plaine de Bournabat en possède un qui remplit toutes ces conditions topographiques, et nous pouvons reconnaître avec MM. Hamilton, B. Stark, Hirschfeld, le vrai Mélès, le Mélès authentique, dans la rivière qui descend du Kiz-Göl et gagne la mer en traversant la plaine (voir la carte du Sipylos) [1].

Comparons enfin les données d'Hérodote avec celles de Strabon, au sujet de la fondation de la ville de Smyrne. « Jadis les Eoliens avaient douze villes sur le continent; mais l'une d'elles leur a été enlevée par les Ioniens : c'est Smyrne. Les Eoliens la perdirent de la manière suivante : Cette ville avait recueilli des Colophoniens, chassés de leur patrie par suite d'une sédition, où ils avaient eu le dessous. Les exilés épièrent un jour où les Smyrnéens célébraient, hors des murs, une fête en l'honneur de Bacchus, fermèrent les portes et s'emparèrent de la ville. Toute l'Eolide accourut en armes, mais il fut convenu que les Ioniens rendraient aux Eoliens les effets qui leur appartenaient, et resteraient maîtres de Smyrne. Les Smyrnéens y consentirent et furent répartis dans les onze autres villes, dont ils devinrent citoyens (Hér., I, 150). »

Tel est, selon le récit d'Hérodote, l'événement qui détacha Smyrne de la confédération éolienne, en la faisant tomber au pouvoir des Ioniens. Sur quelques points notables, Strabon est en désaccord avec l'historien; si on veut l'en croire, les

---

(1) M. Tsakiroglou, Smyrnaïca, II. 43.

Smyrnéens, tribu éphésienne, s'étant détachés du reste de
leur nation, émigrèrent dans le pays où Smyrne existait de son
temps et continue d'exister de nos jours, lequel était occupé,
par les Léléges, et, les ayant expulsés, ils bâtirent l'ancienne
Smyrne, à vingt stades de la nouvelle. Mais, dans la suite,
en ayant été chassés par les Eoliens, ils se réfugièrent à Colophon, et se joignirent à ses habitants pour une expédition dans
laquelle ils reprirent possession de leur ville.

On voit qu'il s'agit de choisir entre ces deux versions, car
elles sont en contradiction formelle; le silence d'Hérodote a la
valeur d'un témoignage négatif; on ne conçoit pas qu'il ait pu
ignorer des faits aussi importants qu'une fondation antérieure
de Smyrne par une colonie d'Ioniens. Il est permis de soup-
çonner que la vérité fut altérée, peut-être après lui, par les
prétentions des Ephésiens et des Colophoniens. C'est ainsi
qu'a dû l'entendre Pausanias, ou bien ses informations particulières s'accordaient avec celles d'Hérodote; car, en deux endroits de sa Périégèse, il s'y conforme exactement, et garde le
silence sur le reste.

Les suggestions d'un patriotisme exalté, la rivalité naturelle entre Ioniens et Eoliens, un de ces anachronismes qui
se glissent avec tant de facilité dans l'histoire, telle que la fait
le peuple, tout cela n'explique-t-il pas d'une manière naturelle
comment a pu se former la tradition que Strabon et Aristide
adoptent avec tant de confiance. Les Ioniens d'Ephèse et
de Colophon, ceux de Smyrne, citoyens d'origine de ces deux
républiques, auront, à la longue, confondu les époques,
genre d'erreur qui s'accrédite à mesure que les événements
s'effacent dans le lointain, et ainsi, d'une antique fondation
lélége, émanée d'Ephèse encore barbare, ils auront fait l'œuvre
d'une colonie de leur nation. Mais, avant de prendre rang
parmi les villes grecques, Smyrne avait eu des siècles d'existence, témoin l'Amazone qu'elle plaçait en tête de ses annales
et qui lui en rappelait la période primitive.

14

Entre les deux provinces limitrophes qui se disputèrent la possession de Smyrne, même controverse au sujet de son grand poète. Quoique les deux parties, Eoliens et Ioniens, aient de bons titres à faire valoir, c'est du côté des Ioniens que semble pencher la balance, et leur cause peut se défendre sans recourir à la prétendue priorité d'établissement que leur prête Strabon. En rejetant les prétentions des Ephésiens, la critique ne doit pas négliger le fond de vérité qu'elles renferment. Les deux nations voisines et rivales, et pourtant de sang grec l'une et l'autre, menacées, dès les premiers temps de leur établissement par les Etats asiatiques de l'intérieur, ne durent point vivre l'une à l'égard de l'autre sur un pied de guerre habituel. Elles formèrent sans doute, de très-bonne heure, des relations de bon commerce que leur imposaient les dangers de leur situation. Rien n'empêche de supposer qu'à diverses époques, des familles de Colophon et d'Ephèse vinrent grossir la population de Smyrne qui n'en restait pas moins foncièrement éolienne. L'accueil hospitalier qu'elle avait fait aux réfugiés de Colophon, et dont ils profitèrent pour la trahir et la déposséder, suppose de nombreux précédents qui n'avaient point eu de funestes conséquences. Or, qu'y a-t-il d'absurde à faire remonter cet état de choses au-delà de la naissance d'Homère? Les Eoliens avaient des raisons pour recevoir favorablement, chez eux, ces familles d'*aèdes*, qui chantaient les nobles entreprises de leurs ancêtres, et dont le foyer originaire, selon les légendes que nous ont conservées les biographes d'Homère, était l'Ionie.

La période qui s'écoule entre la fondation éolienne de Smyrne et sa réunion à la confédération ionniene, dut être d'une haute importance pour l'histoire de l'hellénisme : les chants d'Homère en sont la preuve évidente. L'épopée grecque, tout en nous transportant dans l'âge reculé des héros et de leurs exploits fabuleux qui, pour elle, étaient l'antiquité, reproduit-elle, pour qui sait l'interroger, la physionomie des temps où vécut le poète. Elle est l'indice d'une culture étonnamment riche et originale, dont rien n'avait affaibli les singulières polarités. L'œuvre d'Homère accuse le lieu et le moment où la nation grecque, bien autrement précoce en Asie qu'en Europe, est entrée dans le plein développement de ses instincts et de sa prodigieuse intelligence, et a pris, pour ainsi dire, possession d'elle-même et de l'univers [1].

Au point où nous sommes arrivés dans l'histoire de Smyrne, sa population n'appartient plus à la même race, et ses destinées sont devenues inséparables de celles de l'Ionie. Quelle fut la date de ce mémorable changement? Pausanias (V, 8, 7) rapporte que l'athlète *Onomastus*, de Smyrne, gagna le prix du ceste aux jeux olympiques, dans la 23º olympiade (688-685) et qu'à cette époque déjà, Smyrne appartenait aux Ioniens. Il est peut-être possible de remonter un peu plus haut dans la suite des temps; en effet, Gygès qui, le premier, attaqua la colonie grecque, monta sur le trône de Lydie vers 716 et ne mourut qu'en 678 avant J.-C. C'est ce prince qui envahit les territoires de Milet et de Smyrne et se rendit maître de Colophon. C'est l'Ionie qu'il attaque; il est donc probable que Smyrne était alors déjà ionienne et, que l'entrée de cette cité dans la confédération des Ioniens a précédé d'une génération, au moins, le règne de Gygès; l'on peut donc, sans courir de trop fortes chances d'erreur, placer cet événement vers le milieu du huitième siècle avant Jésus-Christ.

Tout ce que l'on sait de l'histoire des républiques ioniennes dans la période que nous venons d'aborder, se réduit à peu près à la lutte qu'elles eurent à soutenir contre la dernière dynastie lydienne, lutte aussi longue qu'acharnée. Hérodote, entraîné par la marche épique de son œuvre, n'a pas le loisir de répondre à toutes les questions du lecteur, et, pour ce qui regarde Smyrne, en particulier, les annales de cette ville, dans

---

[1] A. CHERBULIEZ, La ville de Smyrne et son orateur Aristide, p. 24.

une période si importante, se réduisent, pour nous, à deux événements.

Le premier eut lieu sous le règne de Gygès. Les armées lydiennes marchèrent contre les villes de Milet, de Smyrne et de Colophon ; cette dernière tomba en leur pouvoir (Hérod., I, 14).

Cette brève notice nous laisse seulement apercevoir que Smyrne, attaquée par ce redoutable ennemi, se défendit avec succès. Pausanias y ajoute une circonstance intéressante. Les Smyrnéens, à ce qu'il paraît, avaient d'abord essuyé quelque grave échec, à la suite duquel leur ville fut prise par les Lydiens; mais cette occupation ne fut que momentanée ; ils se soulevèrent et réussirent à chasser leurs oppresseurs à force de résolution et de courage. Minermne de Colophon, avait probablement en vue ce haut fait d'armes, lorsqu'il célébrait, dans une de ses élégies, le combat où ce peuple avait vaincu Gygès et les Lydiens (Paus., IX, 29).

Quatre-vingts ans plus tard, leur courage s'était affaibli ou plutôt avaient-ils affaire à trop forte partie, lorsqu'ils eurent à se défendre contre Alyatte, père de Crésus. Ce troisième descendant et successeur de Gygès, après avoir chassé de l'Asie les hordes cimmériennes et arrêté, par ses victoires, les conquêtes des Mèdes et de leur roi Cyaxare, reprit contre les Grecs tous les projets de sa dynastie, et ne leur laissa plus ni trève ni repos. Avant d'attaquer Milet, la plus puissante de ces républiques, il avait commencé par s'emparer de Smyrne, en 610 (Hérod., I, 16) [1]. Strabon, plus explicite, nous apprend que les Lydiens la détruisirent et que ses habitants demeurèrent en bourgades ou villages pendant une durée de quatre (mieux trois) cents ans [2].

Ainsi, Smyrne perdit son indépendance dans la guerre

---

(1) K. MYLONAS, De Smyrn. reb. gest. p. 27.

(2) K. MYLONAS, De Smyrn. reb. gest, p. 26, n. 2.

lydienne ; ses habitants demeurèrent cantonnés sur divers
points de leur ancien territoire, sans prendre part aux événements du monde ; état qui, ces derniers temps encore, a été
incorrectement apprécié, en ce qu'on a parlé, soit d'une ville
complétement déserte pendant trois cents ans, soit en mettant
en doute le fait d'une destruction, parce que Scylax cite la ville
et que Pindare en fait mention [1].

Smyrne, comme confédération de *comes*, a continué
d'exister sous l'ancien nom, avec une constitution et un gou-
vernement ruraux, sous la dépendance d'un pouvoir sacerdotal
qui aura eu son siége dans le sanctuaire de la grande déesse
du Sipylus [2]. Nous voyons donc ici, au rebours de ce que
Thésée avait fait pour Athènes, un peuple ramené de force,
par la tyrannie d'un conquérant, à l'état de choses qui précéda
ses premiers progrès dans la vie politique ; plus de cité, plus
de commun prytanée ; et pourtant, au jour où fut décidée la
restauration de Smyrne dans un autre emplacement, il existait
encore un peuple Smyrnéen, prêt à se reconstituer en cité,
un peuple, aux souvenirs et aux traditions si vivaces, que la
seule pensée d'un grand homme suffira pour la rappeler à
l'existence et lui donner de longs siècles de gloire et de prospérité.

---

(1) BRANDIS, Münzwesen, p. 330. Grote III, 252. Pind. frag. 115.
(2) E. CURTIUS, Beiträge. etc, p. 17.

NOTES.

a. — L'origine de *Ménémen* ne remonte pas au-delà des temps byzantins ; aucune ruine antique ne vient confirmer ses droits à l'emplacement de *Temnos*, sans compter que sa situation ne concorde point avec les textes positifs des auteurs anciens (voir B. Slaars, Etude sur Smyrne, p. 126).

Quant à son nom, l'historien M. Doucas, fournit quelque lumière ; il rapporte (chap. XVIII) que la plaine de l'Hermus est appelée « Κάμπος τοῦ Μαινομένου [1]. » Cette épithète byzantine est due, sans doute aux dévastations périodiques, pendant la saison d'hiver, du fleuve qui la traverse (Voir le travail de M. C. Margossian sur le Guédize, dans « Province de Smyrne, » de M. le Dr C. von Scherzer).

Temnos se trouvait sur la rive droite de l'Hermus, au pied des monts qui bordent la plaine au nord. A une lieue de Ménémen, près du village de Yéni-Keui, il y a des ruines qui marquent, selon toutes les probabilités, l'emplacement de cette ville antique.

b. — Mr Texier (Asie-Min., t. II, p. 260), voit dans ce monument le trône de Pélops, cité par Pausanias, et dans les faibles traces de fondation, dans l'enceinte de l'acropole, le hiéron de Cybèle, le tout en contradiction flagrante avec les textes. En effet, Pausanias dit : Πέλοπος δὲ ἐν Σιπύλῳ μὲν θρόνος ἐν κορυφῇ τοῦ ὄρους ἐστιν ὑπὲρ τῆς Πλαστήνης μητρὸς τὸ ἱερόν ; ce qui, évidemment, ne veut pas dire que le hiéron est sur le sommet de la montagne, au-dessus du trône de Pélops. Le monument auquel M. Texier donne ce dernier nom, est situé

---

[1] Note inédite que nous devons à l'obligeance de M. A. Pappadopoulos Kérameus.

au pied de la montagne de l'acropole, non pas au N.-O.-N, mais au S.-O.; le rocher aplani porte un tombeau en forme d'auge ; le tout pourrait bien avoir été un antique *Héroon*.

Quant à l'identification de ces ruines avec *Tantalis-Sipylus*, il faut y renoncer absolument. Dans le passage de Pausanias, si souvent cité, (V, 13), et qui se rapporte d'un commun accord à nos ruines, il n'est nullement fait mention de la ville de Sipylus , et cependant le périégète en parle souvent dans d'autres endroits ; pour lui, elle était donc située autre part. Au reste, les ruines de Pétrota sont trop visibles et trop faciles à poursuivre pour avoir pu donner lieu à la tradition de la ville de Tantalis engloutie dans un lac. M. Texier, voulant repousser les objections de M. Hamilton, fait flèche de tout bois ; tantôt le lac au-dessus du tombeau de Tantale « est le même qu'il était il y a trente siècles ; » plus loin, il convient que « les atterrissements ont dû combler incessamment le lac formé de la sorte; » et, enfin, comme argument péremptoire, il ajoute : « Le golfe de Milet n'a-t-il pas disparu entièrement sous les alluvions du Méandre. »

Si Pline (H. N. chap. XXIX) après avoir mentionné Clazomène et les villes de la rive sud, passe immédiatement à la description de Tantalis, c'est qu'il avait en vue les villes détruites par les tremblements de terre; ses propres paroles : *regredientibus*..., en revenant en arrière, nous trouvons à douze mille pas, sur la côte, Smyrne, fondée par l'Amazone et rétablie par Alexandre, et cet autre passage : « *Sipylum in Magnesia*, » prouvent, jusqu'à l'évidence, que la ville de Sipylus était placée dans l'intérieur de la montagne, comme nous l'avons avancé dans le cours de cet ouvrage. L'hypothèse de M. Texier semble d'autant plus extraordinaire qu'il place l'ancienne Smyrne éolienne, d'accord en cela avec les données historiques et topographiques, entre Bournabat et la mer.

Il nous reste encore à faire mention d'une autre hypothèse

qui a été vaillamment défendue [1], celle qui voudrait placer la Smyrne des Eoliens-Ioniens à Chalca-Bounar et identifier la belle source dite Bains de Diane, » au célèbre fleuve Mélès. Une étude attentive des lieux comme des textes, nous a conduit aux conclusions adoptées dans l'ouvrage [2]. Les ruines, entre le Pont des caravanes et les Bains de Diane, appartiennent, pour la plupart, à l'époque romaine; c'étaient des tombeaux, de petits temples, des édicules, tels qu'on en voit toujours aux abords des villes antiques; il suffit de citer Pompéies et Rome. Quant à voir dans le canal de Chalca-Bounar autre chose qu'une de ces sources abondantes qu'on trouve souvent sur le bord de la mer [3], c'est bien difficile, sinon impossible; avant la construction du canal actuel, le cours d'eau était encore plus petit et se perdait dans les marais; il est évident que, dans l'antiquité, la mer et, par suite, les marais, s'étendaient beaucoup plus vers le sud, c'est-à-dire, touchaient presque à la source. Cette partie du golfe de Smyrne reçoit les eaux du Kavaklidéré-tchaï (rivière d'Hadjilar sur la carte) qui, par ses atterrissements, a dû agir sur la forme même de la côte. Au reste, nul vestige de murs d'enceinte, comme il y en a tant sur l'autre rivage, ne vient fournir l'ombre d'une probabilité en faveur de cette hypothèse.

c. — La statue de **Cybèle**, près de Magnésie, a donné lieu aux suppositions les plus variées; l'impartialité nous fait un devoir d'en citer les plus autorisées.

M. A. Martin (Revue archéologique 1876) ne peut se résoudre à voir une femme assise dans la Niobé du Sipyle. La statue de Magnésie est un buste (homme ou femme, peu importe), détaché en ronde bosse dans une double niche, et posé

---

(1) B. E. SLAARS. Etude sur Smyrne, p. 80.
(2) Voir aussi M. TSAKIROGLOU, Smyrnaïca, t, II, p. 35.
(3) B. STARK, Nach d. griech, Orient, p. 193.

sur un piédestal, haut de quatre mètres, détaché, lui aussi, en grand relief dans le calcaire. »

M. H. J. Van Lennep (Travels in little known parts of Asia-Minor, t. II, p. 305) croit aussi que ce n'est qu'un buste qui, à l'origine, pourrait bien avoir représenté Cybèle, mais auquel les Hellènes auraient rapporté plus tard la fable de Niobé (Voir B. Stark, n. d. gr. Orient, p. 249 et 392).

M. A. H. Sayce (*Academy*, 18 oct. 1879) a noté deux points nouveaux dans la statue de Niobé ; l'un est que la figure porte des souliers aux pointes relevées ; l'autre, que la tête est entourée d'un cercle en forme d'ornement.

M. Simpson (Illust. London News, January 31, 1880) est loin d'être certain que cette statue ait jamais représenté Niobé; il croit reconnaître, sous le menton, des traces de barbe. « La figure est assise sur une espèce de fauteuil, les genoux semblent couverts d'une robe ; les bras sont serrés contre la poitrine et même les doigts sont visibles ; mais la tête et la face sont détruites par le temps. Il y a des traces d'une chaîne, ou d'un ornement analogue, sur les épaules et la poitrine. »

A l'époque byzantine, le Sipylos portait le nom de *Kousinas ;* n'est-il pas permis de rapprocher ce nom de celui de la roche Codine , Κεδίνου πέτρα (A. Papadopoulos Kérameus , Ὄμυρος, journal de Smyrne, t. 4, p. 362).

d. — MM. A. Martin et Spiegelthal ont publié dans la Revue archéologique (année 1876) la description d'un curieux monument que ce dernier a découvert près de la route de Smyrne à Boudja. « C'est une tête sculptée, au type étrange, avec ses grands yeux allongés et relevés aux pointes externes ; les pommettes saillantes, le menton rond et étroit, le nez large et court et le front bas et fuyant, donne à tout l'ensemble un aspect de dolichocéphalie très-prononcée. » A ces cornes d'Ammon, à ce collier pendu au cou, ne dirait-on pas une divinité. — Une grotte se trouvait au-dessus de la tête (M. Dennis l'a fait énlever en 1869 et transporter au British-Museum).

Dans le même journal, ces Messieurs mentionnent un tombeau placé en contre-bas et sur le versant ouest de la colline que domine le tombeau dit de Tantale ; il est tout entier taillé dans le roc. C'est une table longue et plane, garnie sur trois côtés de rebords, et présentant dans la partie est, un ressaut dans lequel sont creusés deux cercles de trente centimètres de diamètre et communiquant par deux larges coupures avec le plan inférieur.

Il est important de noter, qu'outre les tumulus proprement dits, il y avait à cet endroit beaucoup de tombeaux ordinaires, en terre cuite et autres, qui ont fourni des médailles grecques et romaines, preuve évidente qu'il y avait, là près, un centre d'habitations jusqu'à une époque fort basse, ce qui, d'après Pausanias, aurait été le cas de l'ancienne Smyrne. « Smyrne qui était une des douze villes des Eoliens, et qui était habitée, de même que de mon temps encore, au lieu qu'on appelle la ville ancienne (VIII, 5). »

e. — Dans la carte du Sipylos, on a donné, sous toutes réserves, le nom d'*Achéloüs* à la rivière qui prend sa source près du Hiéron de Cybèle et se jette dans la mer près de Cordélio ; il est évident, d'après Homère (voyez p. 39), que l'Achéloüs est en rapport immédiat avec la statue de Niobé ; or, aussi longtemps que cette statue demeure inconnue, il est impossible d'identifier cette rivière.

f. — **Ville antique près de Bel-Caïvé.** — Le col de *Bel-Caïvé* (ou café) est dominé, au nord, par une montagne conique, isolée, facile à reconnaître de tous les points de la plaine de Bournabat ; la carte de l'Amirauté anglaise l'appelle : *a remarkable sharp peak.* Or, ce qu'il y a certainement de plus remarquable, c'est que, sur le sommet de cette colline, on trouve les traces évidentes d'une ville antique. La pointe elle-même porte une petite acropole ; à quelques mètres plus bas s'étend, du côté de l'est, un plateau assez vaste et limité par un mur d'enceinte. L'appareil de ces murs est cyclopéen, c'est-à-dire irrégulier. Le sol est jonché de débris de poterie et de briques, mais l'on ne distingue aucune trace de constructions, si ce n'est dans quelques faibles indices, au nord du plateau. A l'est et au pied de l'acropole, on voit un mur circulaire, comme la base d'un tumulus ; l'intérieur a été fouillé ; plus à l'est encore, le rocher est travaillé.

A la moitié de la hauteur totale de la montagne, entre deux espèces de promontoires de rochers qui descendent du sommet vers le café turc, s'étend du N.-O. au S.-E., un mur cyclopéen d'une cinquantaine de mètres de long, sur six mètres cinquante centimètres de large et à quelques endroits encore, haut de deux à trois mètres ; c'était, selon toutes les apparences, un ouvrage avancé pour défendre l'approche de la ville.

Quant aux questions d'origine et d'identification, je laisse ce soin à mon ami Mʳ W. M. Ramsay, auquel revient, du reste, tout l'honneur de la découverte, puisque c'est sur son invitation que je l'ai accompagné, le 20 juillet 1880, dans une expédition aux résultats aussi heureux qu'imprévus.

g. — **Chambres taillées dans le roc à Eri-Kaïa, et Tombeau de Saint-Charalambe, près de Magnésie.** — Cette note, assez importante, doit compléter la description du Sipylus, à la page 9, ainsi que le chapitre IV, *Statue de Cybèle*, p. 36. A cet effet, nous suivrons Prokesch von Osten dans ses *Denkwürdigkeiten aus dem Orient*, vol. 3, p. 13 sqq., quitte à le compléter où le sujet l'exigera.

Une heure après avoir quitté Magnésie, le savant voyageur passe près des restes de murs, « probablement les ruines d'un aqueduc. » A gauche de la route, « le marais prend son origine dans une source qui, tout près de la route, jaillit du ro-

cher par quatre orifices. Une voûte la recouvre ; un fort mur
de briques fixe ici des bornes au marais. »

« Une demi-heure plus loin, la paroi rocheuse du Sipyle
se fend ici pour former une gorge pleine de massifs pittoresques [1], où l'imagination peut se créer une Niobé. »

« Près de la route, on voit un tombeau [2] taillé dans le
roc. Une heure plus loin, il y a une chambre creusée dans le
roc, dans laquelle coule une fontaine. Cette chambre est sur-
montée d'un comble triangulaire.

« Bientôt après, on rencontre un autre tombeau, toujours
taillé dans le roc ; il est couronné d'un demi-cercle allongé.

« A la troisième heure, nous atteignîmes un joli petit village [3] situé à l'extrémité du Sipylos ; deux tumulus le précèdent ; ils ont cent vingt pas de circuit. Derrière le village, sur
la crête aride qui monte sur le Sipyle, on distingue des restes
de murs antiques.

« Chandler croit que la capitale de la Méonie s'élevait à la
place du marais cité plus haut ; je me la figure, au contraire,
à cet endroit, qui, certainement, était plus convenable à la fondation d'une ville. Ou bien, était-ce *Mostène*, dont parle Cella-
rius ? (O. A. t. II, p. 132). »

Prokesch von Osten a fait cette route en 1825 ; depuis lors,
il y a eu des changements, au moins dans la partie entre Magnésie et le soi-disant tombeau de Saint-Charalambe. Les fon-
taines n'ont plus d'eau, les corps-de-garde sont abandonnés et
les tumulus ont été privés de leur enceinte de pierres. Mais
surtout, les marais n'existent plus au même degré d'étendue ;
l'industrie de l'homme a tout utilisé. A l'exception de l'étang
au-dessous de la statue de Cybèle, tout le reste de la plaine est

---

(1) Eri-Kaïa (note de l'auteur).

(2) Il est connu dans le pays sous le nom de Tombeau de Saint-Charalambe.

(3) Tchobanissa.

très-bien cultivé. L'aqueduc dont parle le savant voyageur est aujourd'hui restauré et conduit les eaux de l'étang du côté de Magnésie ; remarquez les tronçons de colonnes qui ornent les recoins du mur extérieur. La route est pavée à cet endroit. Il ne reste plus la moindre trace de la voûte au-dessus des sources.

Il est étonnant que Prokesch ne fasse aucune mention de la statue de Cybèle ; elle était cependant connue depuis au moins quatre-vingts ans, puisque Chishull en parle dans son ouvrage [1].

Aux observations de la note c, ajoutons les suivantes : Au lieu de seins parfaitement visibles, il faut voir les deux mains jointes sur la poitrine [2]. Sur la tête, du côté gauche, on distingue des traces de cheveux : trois tresses parallèles et le commencement d'une quatrième.

MM. G. Dennis et H. Sayce [3] attribuent à ce monument une plus haute antiquité qu'à ceux de Nymphio et de Boghaz-Keuï.

On a demandé pourquoi la statue fait face au N.-O. ; il semble, à première vue, qu'il n'y ait d'autre raison que celle de la disposition du rocher ; en effet, on ne voit pas que l'antique sculpteur ait eu le choix dans la disposition de sa statue [4].

Le passage de Pausanias, enfin (VIII, 2, 3) qui rapporte que Niobé, dans le Sipylus, ne pleure qu'en été, fournit un autre argument contre l'identification du Tash-Souret avec la fille de Tantale, car, en été, il n'y a pas une goutte d'eau sur cette partie de la montagne ; au reste, en hiver même, cette statue ne reçoit que les eaux immédiates de la pluie ; il faut

---

(1) Travels in Turkey, London (1747), p. 12.

(2) Cf. Sal. Reinach, Philologie classique, p. 65.

(3) *Academy*, Aug. 28, 1880.

(4) Pour voir ce qu'est devenue cette statue de Cybèle entre les mains des Hellènes, comparez le Kybelerelief von der ionischen Küste, de E. Curtius, dans la seconde année des « Mittheilungen d. deutsch. archaeol. Institutes.

décidément chercher Niobé dans l'intérieur du massif qui cache certainement encore plus d'un monument préhistorique.

A vingt minutes environ à l'est de la statue de Cybèle, au-dessus d'un moulin ruiné, s'élève, juste devant l'entrée de la gorge profonde, dans le massif du Sipylos, une montagne rocheuse, haute d'environ deux cent cinquante mètres et fendue du sommet jusqu'à la base ; les gens du pays l'appellent *Eri-kaïa*, la pierre tordue. En effet, la fente, à peine large de quelques mètres, présente une apparence fort tourmentée et très-pittoresque. Les deux sommets, ainsi formés, se rattachent, du côté sud, au massif principal ; celui de l'est, d'un accès relativement facile, ne porte aucune trace de travail humain. Le sommet de l'ouest, au contraire, à pic sur toutes ses faces, n'est accessible que par des marches taillées dans le roc même, et, grâce aux bancs de calcaires plus ou moins réguliers qu'affecte ici la formation géologique de la montagne.

Or, dans les parois de ce rocher, on a taillé un certain nombre de chambres ou maisons, à la façon de celles de l'antique Athènes, au sud de la colline des Nymphes. La plus grande a six mètres de long sur deux de large ; la paroi verticale du fond a 5 mètres de hauteur ; les autres chambres sont beaucoup plus petites. Quelques-unes ont, dans cette paroi, un ou deux trous ronds qui traversent le roc de part en part. Comme à Athènes, il y a des citernes circulaires creusées dans le roc. Dans la paroi du fond de la grande chambre citée plus haut, on distingue six trous carrés de peu de profondeur, disposés sur une ligne horizontale, comme pour recevoir les poutres d'un plafond. Sur le sommet même, se trouve la dernière de ces chambres, ouverte du côté du nord, de la plaine magnifique de l'Hermus et de l'Hyllus. La vue est splendide et s'étend depuis le Boghaz jusqu'à Ak-Hissar, l'ancienne Thyatire, et la plaine de Sardes. Trois rivières la sillonnent, l'Hyllus, l'Hermus et le Nif-Tchaï (1). C'est dans cette plaine, probablement entre la station de Magnésie et Oroz-Keuï, qu'Antiochus, roi de Syrie, fut vaincu par L. Scipion et que, par suite, l'Asie-Mineure passa sous la dépendance de Rome.

Il est difficile d'identifier les antiques restes de ce rocher, à moins d'y voir un sanctuaire avec les demeures des prêtres. C'est une des nombreuses surprises que le Sipylus tient encore en réserve. La grotte naturelle, au-dessus du moulin, est assez élevée, mais elle ne s'enfonce que d'une dizaine de mètres dans la montagne.

Un autre monument, non moins remarquable de cette région, se trouve à une demi-heure plus loin ; c'est le tombeau taillé dans le roc, cité par Prokesch et connu dans le pays sous le nom de *Tombeau de Saint-Charalambe*.

Dans le roc en pente et bien uni, est taillé un vestibule à ciel ouvert, sur une largeur de 5m 13 et plus de 4 mètres de haut. On arrive à la porte par six marches; les trois premières aussi longues que le vestibule, les autres, disposées devant l'entrée, en forme d'autel ou de *bêma*. Après avoir franchi le seuil, on se trouve dans une première chambre allongée de droite à gauche (2m 95 sur 1m 97), dans le fond de laquelle une autre porte conduit dans une seconde chambre, le sépulcre proprement dit, qui a, d'une manière remarquable, la forme exacte d'un four à pain. Le tout est taillé dans le roc vif qui est d'une grande homogénéité ; on n'y distingue aucune décoration architectonique. Mais ce qui prouve les soins pris pour la conservation de ce tombeau, c'est un canal fort régulier, taillé dans le roc autour des chambres, afin d'en détourner les eaux de la montagne. Profond de deux mètres et large d'un et demi dans la partie supérieure et parallèle à la façade du vestibule,

_____

(1) Cette rivière, après avoir doublé le Sipylus, suit parallèlement le cours de l'Hermus dans lequel elle ne se jette qu'en face de Magnésie. Son nom antique paraît avoir été *Cryos* (Pline, V, 29).

ce canal est éloigné de ce dernier de 9^m50. Les deux branches latérales, de même largeur, sont moins profondes et débouchent au-dessous de l'entrée du vestibule.

Ce tombeau, comme les chambres d'Eri-Kaïa, ont certainement une grande importance; cependant, appuyées sur les auteurs anciens, les vues exprimées au sujet de l'antique Sipylus-Tantalis, dans le corps de cet ouvrage, conservent toute leur valeur. Au reste, nous le répétons, ce n'est qu'après une complète exploration de la montagne qu'il sera possible de se prononcer en dernier ressort.

TABLE DES MATIÈRES.

FIN DE LA TABLE DES MATIÈRES.

Besançon.— Typ. et Lith. Ch. Delagrange.

Errata.

PAGES	LIGNES	AU LIEU DE :	LISEZ :
8	33	Ghiaourkeui	Gh. K. ou Hamidié
9	18	A deux lieues	A une lieue.
9	34	Nymphi	Nymphio (et dans tous les cas semblables).
10	13	inférieures	intérieures.
12	11	ces bords	ses bords.
12	18	montre	montrent.
14	11	Kieper	Kiepert.
37	5	(B)	(note C).
37	6	à deux lieues	à une lieue.
38	9	moment	monument.
40	7	Il n'y a ni source ni rivière	il n'y a qu'une source.
44	34	prêters	prêtres.
45	5	Hérode	Hérodote.
45	11	quelque	quel que.
46	36	ses	ces.
47	23	bas-relifs	bas-reliefs.
57	24	Péloponèse	Péloponnèse.
59	2	intercalez le vers suivant :	Par le mal endurcie, elle [n'est plus sensible.
64	6	introduit	introduite.
66	10	ἑλῶν	ἐλῶν
66	15	Σίπυλου	Σιπύλου
67	6	ἐξ.....ἀφανισδῆναι	ἐς.....ἀφανισθῆναι
67	9	πρὶν ἤ	πρὶν ἤ
68	7	cent-cinquante	cent cinquante.
68	19	Salaé	Saloé.
71	20	fut	fût.
72	27	fourni	fournis.
81	28	700	716.
82	30	Lybiens	Libyens } et dans tous les
83	18	Lybie	Libye } cas semblables.
87	29	Hendersen	Henderson.
94	29	rencontrés	rencontrées.
96	à la note	(2)	(1)
97	28	scytiques	scythiques.

Pl. 1.

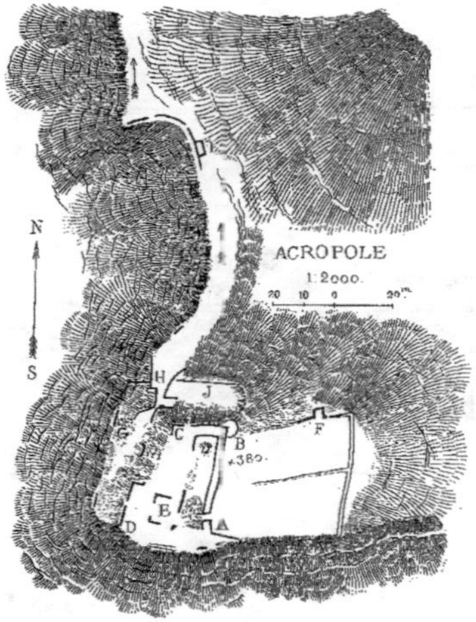

Mur septentrional de l'Acropole.

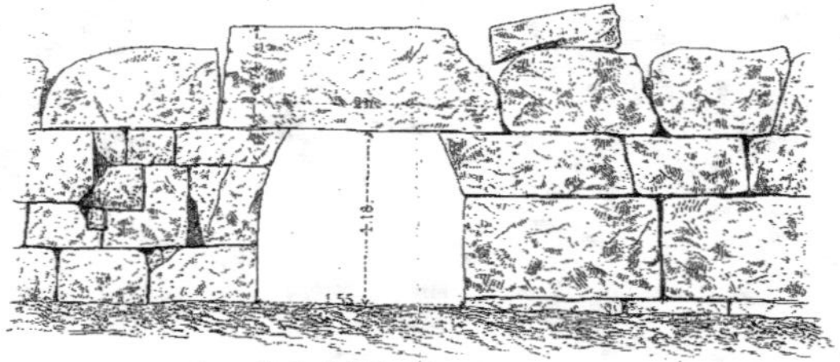

0 1 2 3 4 5 · · · 10 M

Porte de l'Acropole.

Seconde Acropole, (E).

0 10 20 30 40 50 60 80 100 m
1:2000

ACROPOLE
1:2000
0 10 20 30 40 50 60 70 80 90 100 20 m

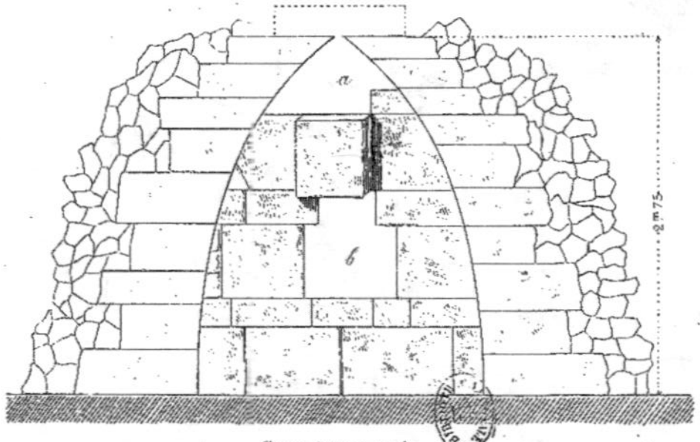

Coupe transversale.

TOMBEAU DE TANTALE.

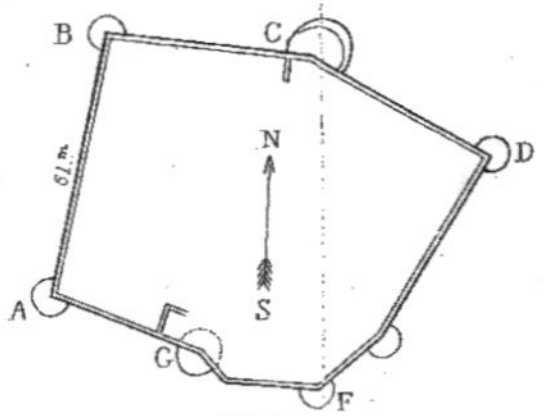

Dessiné par C. WEBER.   Imprimé par Delaplanche à Besançon   Gravé par J. Storck.

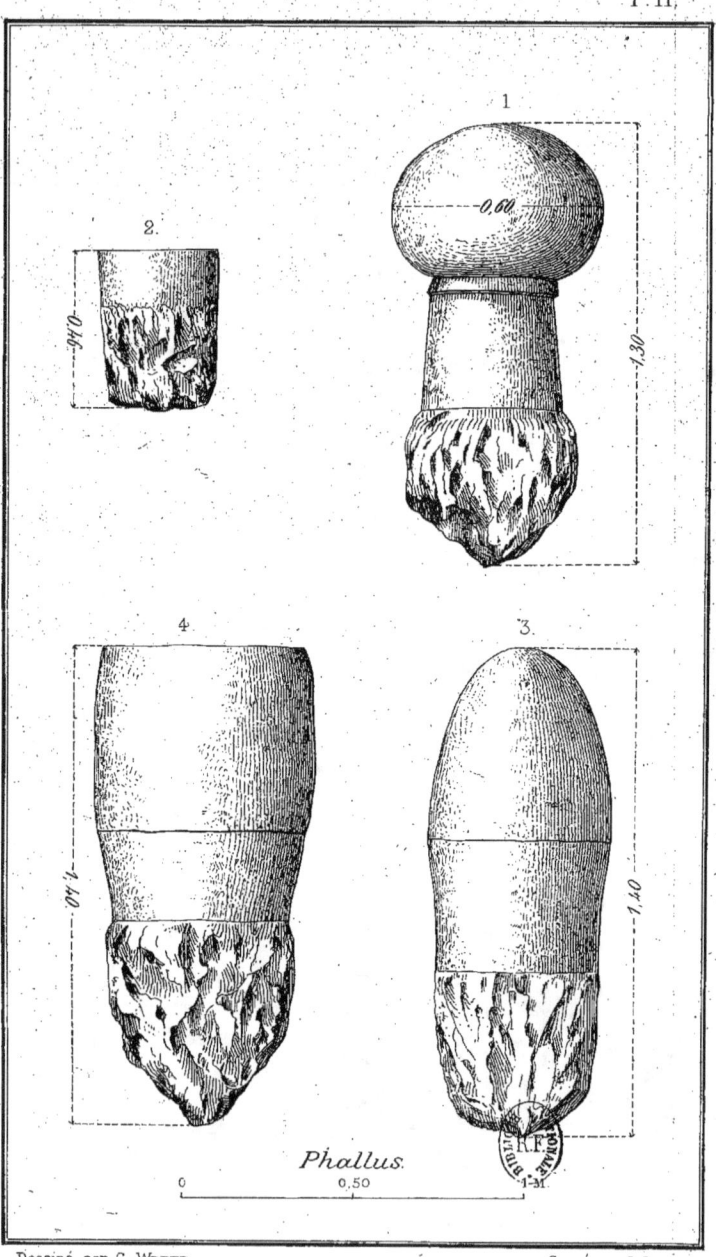

Phallus.

Dessiné par C. WEBER

Gravé par J. STORCK

Imprimé par Delagrange à Besançon

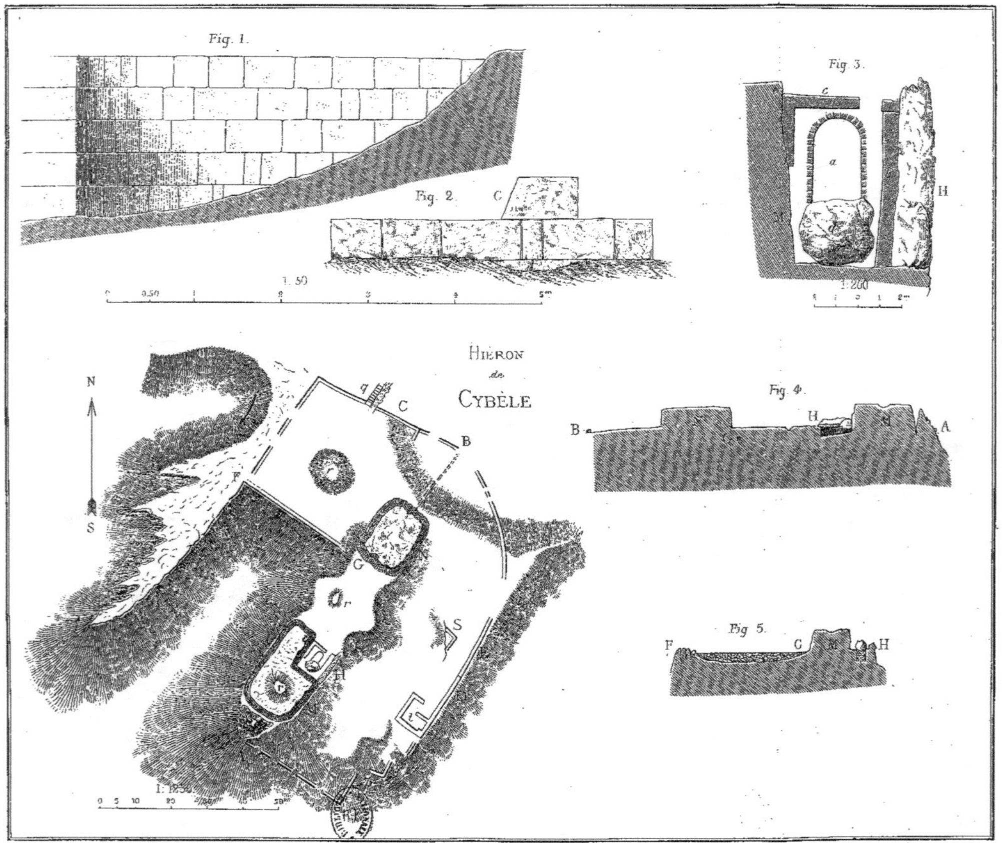

Pl. III.

Fig 1.

Fig 2.

Fig 3.

Fig 4.

Fig 5.

HIERON de CYBÉLE

Dessiné par G. WEBER.

Imprimé par Delagrange à Besançon.

Gravé par J. Storck.

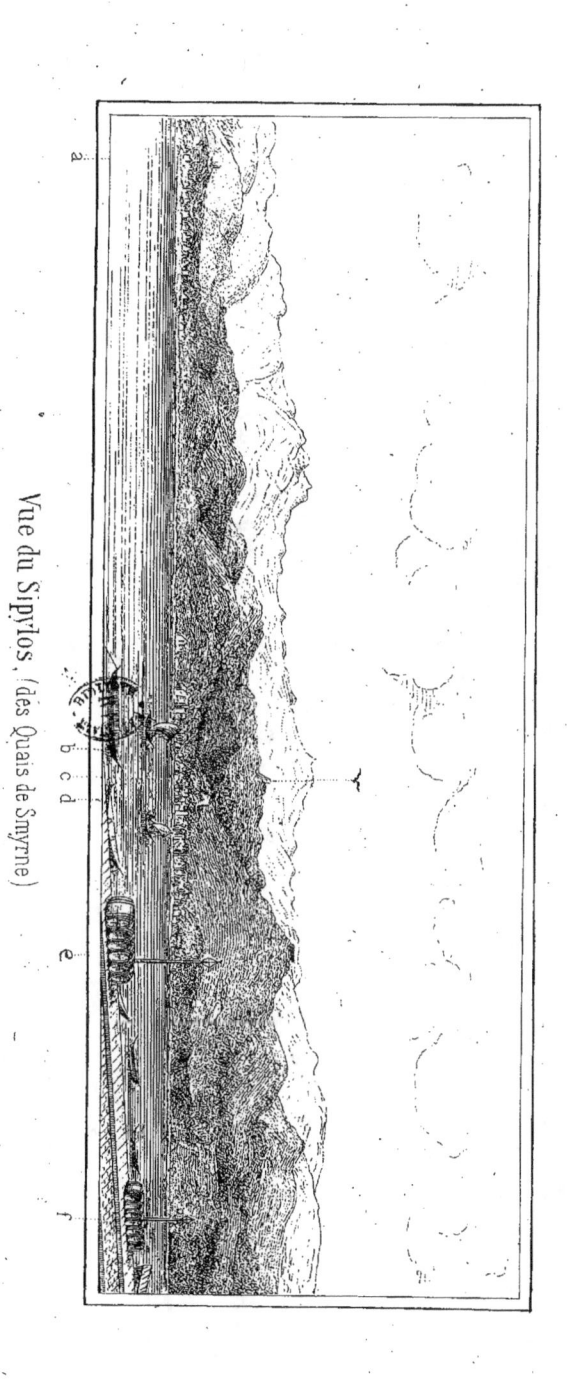

Vue du Sipylos, (des Quais de Smyrne)

Carte
du
SIPYLOS
et de
L'ANCIENNE SMYRNE.

1:125,000

www.ingramcontent.com/pod-product-compliance
Lightning Source LLC
Chambersburg PA
CBHW070814250626
47170CB00006B/2103